SEIS TESES PARA A DEMOCRACIA CONTÍNUA

DOMINIQUE ROUSSEAU

Tradução e adaptação
Francisco Kliemann a Campis
Thiago Barisson de Mello Oliveira

Apresentação
Anderson Vichinkeski Teixeira

SEIS TESES PARA A DEMOCRACIA CONTÍNUA

Belo Horizonte

2024

© 2022 Odile Jacob
© 2024 Editora Fórum Ltda.

Título original: *Six thèses pour la démocratie continue*

É proibida a reprodução total ou parcial desta obra, por qualquer meio eletrônico, inclusive por processos xerográficos, sem autorização expressa do Editor.

Conselho Editorial

Adilson Abreu Dallari
Alécia Paolucci Nogueira Bicalho
Alexandre Coutinho Pagliarini
André Ramos Tavares
Carlos Ayres Britto
Carlos Mário da Silva Velloso
Cármen Lúcia Antunes Rocha
Cesar Augusto Guimarães Pereira
Clovis Beznos
Cristiana Fortini
Dinorá Adelaide Musetti Grotti
Diogo de Figueiredo Moreira Neto (*in memoriam*)
Egon Bockmann Moreira
Emerson Gabardo
Fabrício Motta
Fernando Rossi
Flávio Henrique Unes Pereira
Floriano de Azevedo Marques Neto
Gustavo Justino de Oliveira
Inês Virgínia Prado Soares
Jorge Ulisses Jacoby Fernandes
Juarez Freitas
Luciano Ferraz
Lúcio Delfino
Marcia Carla Pereira Ribeiro
Márcio Cammarosano
Marcos Ehrhardt Jr.
Maria Sylvia Zanella Di Pietro
Ney José de Freitas
Oswaldo Othon de Pontes Saraiva Filho
Paulo Modesto
Romeu Felipe Bacellar Filho
Sérgio Guerra
Walber de Moura Agra

FÓRUM
CONHECIMENTO JURÍDICO

Luís Cláudio Rodrigues Ferreira
Presidente e Editor

Coordenação editorial: Leonardo Eustáquio Siqueira Araújo / Aline Sobreira de Oliveira
Tradução e adaptação: Francisco Kliemann a Campis / Thiago Barisson de Mello Oliveira
Revisão: Érico Barboza
Capa e projeto gráfico: Walter Santos
Diagramação: Formato Editoração

Rua Paulo Ribeiro Bastos, 211 – Jardim Atlântico – CEP 31710-430
Belo Horizonte – Minas Gerais – Tel.: (31) 99412.0131
www.editoraforum.com.br – editoraforum@editoraforum.com.br

Técnica. Empenho. Zelo. Esses foram alguns dos cuidados aplicados na edição desta obra. No entanto, podem ocorrer erros de impressão, digitação ou mesmo restar alguma dúvida conceitual. Caso se constate algo assim, solicitamos a gentileza de nos comunicar através do *e-mail* editorial@editoraforum.com.br para que possamos esclarecer, no que couber. A sua contribuição é muito importante para mantermos a excelência editorial. A Editora Fórum agradece a sua contribuição.

Dados Internacionais de Catalogação na Publicação (CIP) de acordo com ISBD

R865s	Rousseau, Dominique Seis teses para a democracia contínua / Dominique Rousseau; Tradução de: Francisco Kliemann a Campis. Belo Horizonte: Fórum, 2024. 103p. 14,5x21,5cm ISBN impresso 978-65-5518-785-4 ISBN digital 978-65-5518-786-1 1. Direito público. 2. Ciência política. 3. Filosofia política. 4. Democracia. I. Martins, Thomas Passos. II. Título. CDD: 342 CDU: 342

Ficha catalográfica elaborada por Lissandra Ruas Lima – CRB/6 – 2851

Informação bibliográfica deste livro, conforme a NBR 6023:2018 da Associação Brasileira de Normas Técnicas (ABNT):

ROUSSEAU, Dominique. *Seis teses para a democracia contínua*. Tradução de Francisco Kliemann a Campis. Belo Horizonte: Fórum, 2024. 103p. ISBN 978-65-5518-785-4.

SUMÁRIO

PREFÁCIO À EDIÇÃO BRASILEIRA 7

APRESENTAÇÃO
Anderson Vichinkeski Teixeira 11

INTRODUÇÃO
O CIDADÃO NA ORDEM POLÍTICA 17

CAPÍTULO 1
OS CIDADÃOS CONTRIBUEM PESSOALMENTE PARA A CRIAÇÃO DA LEI (TESE 1) 21
1.1   Romper com o princípio representativo 21
1.2   Afirmando a competência normativa dos cidadãos 23

CAPÍTULO 2
DIREITOS HUMANOS: CÓDIGO DE ACESSO À DEMOCRACIA (TESE 2) 29
2.1   Reconhecendo a dupla identidade do povo 29
2.2   Direitos humanos: criador do espaço público democrático 33

CAPÍTULO 3
DO MANDATO DELIBERATIVO (TESE 3) 41
3.1   A falsa alternativa entre mandato representativo e mandato imperativo 41
3.2   Críticas ao referendo 43
3.3   Reconhecendo a autonomia constitucional dos corpos de cidadãos: a separação/fusão 46
3.4   O princípio deliberativo 50

CAPÍTULO 4
FUNDAÇÃO DA INDEPENDÊNCIA DO JUDICIÁRIO (TESE 4) 55
4.1 Justiça: um poder da democracia 55
4.2 De onde a Justiça retira sua legitimidade? 60
4.3 A organização da Justiça 63
4.3.1 Pondo fim ao dualismo jurisdicional: abolir o Conselho de Estado 63
4.3.2 Criação de um procurador-geral da República 66
4.3.3 Criação de um Conselho Superior de Justiça 66
4.3.4 Reformulação da Justiça Constitucional 67

CAPÍTULO 5
FUNDAR UMA REPÚBLICA PARLAMENTAR (TESE 5) 73
5.1 Retirando a ambiguidade constitucional da Quinta República.. 73
5.2 Presidencial ou parlamentar? 81
5.3 Um contrato legislativo 89
5.4 A constituição dos invisíveis 92

CAPÍTULO 6
REESCREVENDO A CONSTITUIÇÃO (TESE 6) 95
6.1 Como? Com o processo constituinte 95
6.2 Algumas preposições para a reescrita da Constituição de 1958 . 97

REFERÊNCIAS 101

PREFÁCIO À EDIÇÃO BRASILEIRA

Dando sequência, em língua portuguesa, a obras e artigos precedentes sobre a chamada democracia contínua, as páginas que seguem se centram naquele que está em grande parte ausente das formas políticas contemporâneas: o cidadão. Amplamente citado, mas também absolutamente esquecido, o cidadão se constitui em elemento desnecessário para a forma capitalista da economia, pois esta precisa de um trabalhador-consumidor. O liberalismo econômico, ao colocar o indivíduo em formação no centro da sua dinâmica, contribuiu para revolucionar as sociedades; porém, desenvolveu-se reduzindo gradualmente o indivíduo à sua única dimensão econômica, o *laissez-faire*, esquecendo ou negligenciando suas dimensões sociais, políticas e culturais. E esse desenvolvimento unidimensional produziu terríveis desigualdades no acesso ao emprego, educação, saúde e habitação, que põem em causa, hoje, não só a coesão política das sociedades, mas a própria ideia de indivíduo que o liberalismo originalmente carregava. O capitalismo esmaga o indivíduo, e os mercados impõem suas leis aos políticos e aos cidadãos.

No entanto, a forma representativa de democracia já não precisa de cidadãos; ela precisa de eleitores. Sieyès disse isso claramente no seu discurso de 7 de setembro de 1789, quando se opôs radicalmente ao governo representativo e à democracia ao afirmar que os cidadãos que se autodenominam representantes renunciam e devem renunciar a fazerem eles próprios a lei, pois não têm desejos específicos a impor. Se ditassem a sua vontade, a França deixaria de ser esse Estado representativo; seria um Estado democrático. O povo, segundo Sieyès, num país que não é uma democracia (e a França não pode ser), só pode falar, só pode agir através dos seus representantes. A transição do sufrágio censitário para o sufrágio universal e as instituições de representação não mudaram fundamentalmente a realidade das coisas, embora tenham modificado a sua aparência. "Em nome de..." continua a ser a regra gramatical fundamental da forma representativa de governo das sociedades políticas.

No Brasil, na França e em todos os continentes segundo temporalidades únicas, é esse período constitucional que está terminando, não o princípio democrático, isso porque, no seio dos movimentos sociais, há cerca de vinte anos, está se abrindo outro ciclo que traz consigo a demanda mais forte pela continuidade da democracia. Distinta da democracia direta, que abole qualquer distinção entre representantes e representados, distinta da democracia representativa, que monopoliza a elaboração de leis apenas em benefício dos representantes, define algo além da representação, não porque a eliminaria, mas porque transforma e expande o espaço de intervenção dos cidadãos, inventando as formas e procedimentos que lhes permitam exercer o trabalho político: controle contínuo e eficaz, fora dos tempos eleitorais, da ação dos detentores do poder.

Os fundamentos constitucionais dessa forma de democracia encontram-se na Declaração dos Direitos do Homem e do Cidadão de 1789: no artigo 6º, que afirma que "todos os cidadãos têm o direito de participar pessoalmente ou através dos seus representantes na formação da lei"; e na exposição de motivos, em que os revolucionários explicam que enunciar direitos significa permitir aos membros do corpo social comparar os atos do Poder Legislativo e os do Poder Executivo com os direitos declarados e, se for caso disso, permitir que os cidadãos exijam o respeito desses direitos por parte dos representantes. Compare e reivindique. Em outras palavras, o corpo dos cidadãos possui dois órgãos: a voz e o olho. A voz para votar, mas também para exigir, reclamar, reivindicar; o olho para observar, comparar, acompanhar a ação dos seus representantes. Cidadão não é apenas aquele que "dá o seu voto" a um deputado ou a um presidente; é também ele quem "dá voz" e "fica de olho" nos seus representantes, exercendo uma vigilância contínua sobre a forma como os assuntos de Estado são geridos.

Qualificar essa forma de democracia como "contínua" em vez de "deliberativa" ou "participativa" expressa a preocupação de introduzir um elemento muitas vezes esquecido na reflexão constitucional: o tempo. A forma atual de democracia é participativa: os cidadãos participam em eleições que fazem com que representantes e cientistas políticos estudem regularmente a participação eleitoral. A forma atual de democracia também é deliberativa: os parlamentares deliberam sobre projetos e propostas de lei. A expressão "democracia contínua" significa que a democracia não para em determinado momento, isto é, nas eleições, mas que os cidadãos continuam a intervir na elaboração das leis entre dois momentos eleitorais; significa que não se detém nas portas da família, da empresa, do Estado, mas que continua em todas as esferas da sociedade; significa, para ser breve e falar como Tocqueville, que é uma forma de sociedade, e não apenas uma forma de governo ou uma forma de Estado.

O Autor

APRESENTAÇÃO

Com grande honra e satisfação, tecemos algumas breves palavras sobre a obra *Seis teses para a democracia contínua*, de autoria do célebre jurista francês Dominique Rousseau. Já conhecido do público brasileiro por seus livros e contribuições veiculadas em renomados periódicos internacionais, possui o seu *Radicalizar a democracia: proposições para uma refundação** traduzido para o português há alguns anos; mais recentemente, elaborou uma obra específica para o público brasileiro: *Justiça constitucional francesa*, publicada pela Editora Fórum, em 2021. Entretanto, a abrangência de seu pensamento acerca da democracia remonta aos anos 1990 e requer, para a melhor compreensão, a devida contextualização histórica e enquadramento teórico-científico.

Antes disso, é importante fazer algumas considerações sobre a biografia do autor. Dominique Rousseau doutorou-se no final dos anos 1970 e logo iniciou um percurso que viria a se tornar marcante na Universidade de Montpellier. Nesta, apresenta suas primeiras reflexões sobre a teoria da democracia e o direito constitucional, as quais culminam não apenas em publicações, mas também na criação do Centro de Estudos e Pesquisas Comparatistas Constitucionais e Políticas (CERCOP), onde consolida muito rapidamente Montpellier como uma referência internacional na formação de doutores em Direito com visão transdisciplinar e crítica do fenômeno constitucional. Lá, desenvolve parcerias academicamente frutíferas, como aquela com o constitucionalista Alexandre Viala. Depois de sua ida para a Universidade Paris 1 – Panthéon-Sorbonne, nos anos 1990, Dominique Rousseau assume funções de vice-diretor da Faculdade de Direito e, nos anos 2000, diretor do mais importante centro de pesquisas dessa instituição: o Instituto de Ciências Jurídicas e Filosóficas da Sorbonne (ISJPS).

---

* Ver ROUSSEAU, Dominique. *Radicalizar a democracia*: proposições para uma refundação. Tradução: Anderson Vichinkeski Teixeira. São Leopoldo: Editora Unisinos, 2019.

O percurso formativo e acadêmico dos primeiros anos de Dominique Rousseau coincide com o período de desenvolvimento dos diversos processos da globalização, chamado pelo sociólogo britânico Roland Robertson de "fase de decolagem". Essa época de ampla integração global das comunicações e saberes é muito bem percebida por Rousseau quando passa a compreender que as interações entre a democracia e os poderes públicos instituídos não mais restariam incólumes às demandas por participação dos cidadãos. Ocorre o reconhecimento daquilo que ele costuma chamar de "autonomia constitucional do cidadão democrático". Referindo-se sempre a Georges Vedel como "decano" (*doyen*), em uma forma de deferência intelectual a um constitucionalista que marcou a história francesa como defensor de teorias políticas vanguardistas em seu tempo, como o federalismo e a integração europeia, Dominique Rousseau logrou sucesso, ao nosso sentir, em ir além de Vedel e perceber que o direito constitucional francês precisava superar o dogmatismo e estabelecer suas bases em elementos ontológicos presentes nos reais problemas da política e da vida social. Disso decorre o fato de que, muito rapidamente, ele lograria o merecido reconhecimento por suas originais contribuições: membro honorário do Instituto Universitário da França e do Conselho Superior da Magistratura, cavaleiro da Ordem Nacional da Legião de Honra da República e juiz constitucional em Andorra, onde presidiu a corte, são algumas das atribuições que demonstram ter Dominique Rousseau ultrapassado as fronteiras que o próprio dogmatismo jurídico-constitucional estabeleceu aos juristas que enveredavam pelas entranhas do direito constitucional francês e que, quase nunca, conseguiam sair dos limites da interpretação da letra fria da Constituição.

Suas obras das duas últimas décadas o colocam para além da condição de um crítico intérprete da Constituição, demonstrando ser o autor um atento observador dos problemas da vida social nas democracias contemporâneas, em condições de conceber o fenômeno jurídico como um instrumento de transformação social e, por consequência, de busca contínua pelo progresso humano. Não obstante tenha sido produto de longos anos de debates e reflexões no âmbito jurídico e também no meio político, há de se reconhecer que a reforma constitucional de 2008, por meio da qual fora introduzida a possibilidade de controle judicial de constitucionalidade por qualquer jurisdicionado, teve em Dominique Rousseau a sua maior influência no meio acadêmico, sobretudo por se tratar de uma reforma que ia ao encontro de teses suas acerca da ampla democratização do acesso à justiça e ao debate político por parte dos cidadãos.*

A obra *Seis teses para a democracia contínua* é definida, pelo próprio autor, como um "manifesto" em defesa da democracia contínua e dos seus mecanismos institucionais. Dividida em seis capítulos, um para cada tese, é possível verificar que, já na primeira tese, Dominique Rousseau retoma suas reflexões ainda dos anos 1990, em especial quando do debate com Jürgen Habermas e teóricos da democracia, como Pierre Rosanvallon, acerca de como, em apertada síntese, seria possível romper com o princípio representativo e ampliar ao máximo as competências atribuídas ao cidadão. Em vez de se vincular às teorias da "democracia radical", o constitucionalista Rousseau entende por bem cunhar a expressão "democracia contínua" para sustentar a noção de um sistema de participação por meio do qual os inúmeros conflitos entre indivíduos, grupos sociais, partidos políticos, empresas e, até mesmo, poderes do Estado poderiam ser mediados pelo direito e introjetados dialogicamente dentro daquilo que ele chama de "espaço político", isto é, dentro dos próprios poderes do Estado. Portanto, a democracia seria "contínua" por não ser puramente revolucionária no sentido literal de "voltar ao início", mas, sim, de promover um progressivo e contínuo processo evolutivo do "espaço público", isto é, do conjunto de esferas de debates e discussões públicas na sociedade.

A segunda tese concentra-se na relação entre a efetiva defesa dos direitos humanos e o princípio de cidadania. Nesse momento, o autor busca demonstrar as insuficiências do princípio representativo, em especial no tocante ao fato de ser algo que se encerra com a eleição e a atribuição de um mandato livre ao eleito. Pretensão que remonta aos revolucionários de 1789 e que, com o Maio de 1968, foi redimensionada para ampliar ainda mais a defesa das prerrogativas de cidadania, a tese de um "cidadão democrático" protagonista do espaço público e também do espaço político é sustentada nesse capítulo à luz de suas obras precedentes, como o próprio *Radicalizar a democracia*.

Já a terceira tese vincula-se, diretamente e em sentido instrumental, à tese precedente, pois desenvolve a ideia de mandato deliberativo como mecanismo de efetiva realização da democracia contínua. Algo

---

* Em língua portuguesa, é possível encontrar essas ideias que influenciaram a referida reforma constitucional veiculadas também na Parte I do seu *Justiça constitucional francesa*. Tradução: Thomas Passos Martins. Belo Horizonte: Editora Fórum, 2021.

que poderia soar utópico ao leitor incauto, ganha forma e substância nesse momento.

A quarta tese pode parecer estranha ao leitor brasileiro, pois pleiteia a independência do Judiciário. Na França, notoriamente, o Judiciário tem previsão constitucional de autoridade, possuindo, inclusive, um Ministério da Justiça com algumas conexões de cunho orçamentário e financeiro com o Judiciário. Todavia, essa tese traz importantes reflexões ao público brasileiro no sentido de contrastar dois sistemas profundamente distintos do ponto de vista estrutural, mas que, mesmo assim, possuem similitudes muito destacadas. O problema da legitimidade das decisões judiciais contramajoritárias talvez seja o mais próximo do Brasil.

A quinta tese pode ser fonte de importantes reflexões para o momento pelo qual as instituições públicas brasileiras e a própria democracia têm passado desde, pode-se dizer, as chamadas "jornadas de junho de 2013", uma espécie de Maio de 1968 às avessas no Brasil. Se a insatisfação com o sistema presidencialista de coalizão – expressão cunhada pelo sociólogo Sérgio Abranches em referência à transição ocorrida com o final do regime militar – tem levado a constantes discussões sobre a adoção de alguma forma de parlamentarismo, a presente tese de Rousseau demonstrará que, independentemente de presidencial ou parlamentar, o sistema democrático precisa romper com a invisibilidade dos seus cidadãos.

Por fim, a sexta e última tese é uma ousada proposta de reformulação da Constituição francesa. Vigente desde 1958, quando inaugura a Quinta República, o autor sustenta que uma Sexta República poderia ser cogitável com base em uma revisão constitucional bem assertiva no sentido de promover a emancipação política da figura do cidadão democrático. Embora pensada para o contexto francês, pode ser fonte de profundo questionamento acerca do modo como a Constituição brasileira de 1988 ainda se limita a instrumentos como voto, plebiscito e *referendum* para dar, sazonalmente, voz aos cidadãos.

Encerramos esta breve apresentação ao público brasileiro com grande honra e com os melhores auspícios no sentido de que esse manifesto em defesa da democracia contínua possa, para além de estimular ainda mais as aproximações entre Brasil e França, duas nações historicamente amigas, promover debates sobre problemas cada vez mais graves e profundos nas nossas democracias contemporâneas.

Talvez o grande desafio seja fazer o cidadão deixar de ser um "ausente" na ordem política para se tornar o centro do debate público.

Boa leitura!
Porto Alegre, maio de 2024.

Anderson Vichinkeski Teixeira
Doutor em Teoria e História do Direito pela Universidade de Florença/IT. Estágio Pós-Doutoral em Direito Constitucional pela mesma Universidade. Coordenador e Professor do Programa de Pós-Graduação em Direito da Universidade do Vale do Rio dos Sinos (UNISINOS). Membro permanente do Colegiado de Docentes do Doutorado em Direito da Universidade de Florença/IT e Membro Fundador do Doutorado em Direito da Universidade da Calábria/IT. Professor Visitante do Instituto de Ciências Jurídicas e Filosóficas da Sorbonne. Membro Permanente da *Association Française de Droit Constitutionnel*. Advogado e Consultor Jurídico.

INTRODUÇÃO

O CIDADÃO NA ORDEM POLÍTICA

O que é o cidadão? Tudo! O que tem sido até agora na ordem política? Nada! O que ele está pedindo? Para se tornar algo!

O cidadão é o grande ausente das formas políticas contemporâneas. É abundantemente citado, mas é imediata e absolutamente esquecido. Isso porque a forma capitalista da economia não precisa de um cidadão, mas de um trabalhador-consumidor, assim como a forma representativa da democracia também não precisa de cidadãos, mas apenas de eleitores.

A posição do cidadão é "algo" na ordem política: este é o projeto da "democracia contínua". Mais precisamente, faz do cidadão o coração vivo da democracia ao afirmar, contra o princípio representativo, que ele tem competência para decidir pessoalmente sobre as leis e regras de convivência e, em proposição, contra o presidencialismo da Quinta República, as instituições e mecanismos pelos quais essa competência cidadã será exercida.

Formulada pela primeira vez em 1992,[1] a ideia de democracia contínua coloca em ação dois elementos que muitas vezes são esquecidos pela compreensão do princípio democrático: o tempo e o lugar.

---

[1] ROUSSEAU, Dominique. *Radicalizar a democracia*: proposições para uma refundação. São Leopoldo: Editora UNISINOS, 2019; Id. *La démocratie continue*. Paris: LGDJ, La pensée juridique, 1995. Desde então, continuei minha pesquisa publicando vários estudos sobre essa ideia. Ver, por exemplo, *Le consulat Sarkozy*. Paris: Odile Jacob, 2012; Id., Le droit constitutionnel continue: institutions, droits garantis et utopie. *Revue du Droit Public*, Vol. 130, n. 6, 2013, pp. 1517 ss., trad. port. O Direito Constitucional contínuo: instituições, garantias de direitos e utopias. *Revista de Estudos Constitucionais, Hermenêutica e Teoria do Direito*, v. 8, n. 3, 2016, p. 261-271; Id. Mais c'est quoi la démocratie continue? *In*: TROUDE-CHASTENET, Patrick (sous la direction). *Penser et panser la démocratie*. Paris: Classiques Garnier, 2017. p. 91-108.

Primeiro o tempo, porque, em 1992, após os escritos de Fukuyama, a opinião pública concordou que, depois da queda do muro de Berlim, a economia de mercado e a democracia haviam vencido e que a história tinha acabado.[2] Contra essa representação, eu queria afirmar que a história continuou, que a democracia nunca é adquirida e que as forças opostas sempre pesam sobre ela; é o que as ameaças populistas confirmam hoje. O tempo ainda porque o ato democrático foi – e ainda é – limitado a um só dia, o dos domingos eleitorais, uma vez a cada cinco anos. Contra essa representação, eu queria afirmar que a democracia não para com a eleição, que ela continua entre momentos eleitorais e que o voto não priva o cidadão de seu direito e de sua competência de contribuir com a fabricação de leis e das políticas públicas.

O lugar porque desde Montesquieu é aceito que a qualidade democrática de um país depende da organização de seu Estado, do modo de separação de poderes – presidencial ou parlamentar – que sua constituição estabelece. Contra essa representação estatal da democracia, eu queria afirmar, conforme Tocqueville, que a democracia é uma forma de sociedade, que não basta "democratizar o Estado" para democratizar a sociedade e que a exigência democrática não para nas portas da empresa, da administração ou da família, mas que deve continuar a se espalhar em todas as esferas da sociedade.

O código de acesso a essa forma contínua de democracia é a lei, é a "constituição social" no sentido que Maurice Hauriou deu a essa expressão, ou seja, todos os direitos, princípios e liberdades que constituem os fundamentos da sociedade e que se encontram na Declaração dos Direitos do Homem e do Cidadão de 1789, no Preâmbulo de 1946 e na Carta do Meio Ambiente de 2004. Como constitucionalista, obviamente tenho que prestar atenção no meu quarto dos fundos, como Montaigne disse. No entanto, o momento atual invalida filosofias políticas que, como Agamben, formulam uma crítica radical ao direito. Contra essas filosofias que nunca abriram caminhos democráticos, sustento que a linguagem do Estado é a do cálculo e dos interesses econômicos, que o direito, entendido como um conjunto de direitos, princípios e liberdades, é a linguagem da sociedade e que esses direitos, princípios e liberdades sempre vieram de lutas sociais e políticas e sempre foram impostos contra o Estado, como é ainda hoje quando povos furiosos, em todo o mundo, estão lutando para impor novos direitos aos governantes dos

---

[2] FUKUYAMA, Francis. *La Fin de l'Histoire et le dernier Homme*. Paris: Flammarion, 1992.

Estados. Por esses direitos conectarem os seres humanos com outros seres humanos e com a natureza, eles nunca serão terminados. Eles sempre se abrem para outros direitos. Eles fazem a aventura humana e fazem a democracia viver continuamente.

O objetivo desta obra é submeter para discussão as seis principais "teses" que informam a democracia contínua.

CAPÍTULO 1

OS CIDADÃOS CONTRIBUEM PESSOALMENTE PARA A CRIAÇÃO DA LEI (TESE 1)

1.1 Romper com o princípio representativo

Desde 1789, todos os regimes políticos têm operado sob o princípio claramente declarado por Sieyès: "Os cidadãos", declarou o abade em 7 de setembro de 1789, "que se nomeiam representantes renunciam e devem renunciar a fazer a própria lei; eles não têm vontades particulares para impor. Se ditassem suas vontades, a França não seria mais este Estado representativo; ela seria um Estado democrático. O povo, repito, em um país que não é uma democracia (e a França não pode ser), o povo não pode falar, só pode agir através de seus representantes".[3]

A transição do sufrágio censitário para o sufrágio universal, o desenvolvimento dos partidos políticos, a ascensão do Parlamento e, mais recentemente na França, a eleição popular do chefe de Estado não mudam fundamentalmente a realidade das coisas se mudarem de aparência. O regime representativo parece estar se democratizando com a gradual introdução do povo no espaço político, manifestada principalmente pela generalização do voto. A linguagem jurídica ou política também contribui para essa visão e credencia a ideia de uma metamorfose democrática do sistema representativo: o ato de voto é

---

[3] SIEYÈS, Emmanuel-Joseph. Sur l'organisation du pouvoir legislatif et la sanction royale. *In*: FURET, F.; HALÉVI, R. (org.). *Les Orateurs de la Révolution française*. Paris: Gallimard, Bibl. de la Pléiade, 1989. p. 1.026-1.027.

geralmente apresentado como instrumento de participação cidadã nas tomadas de decisão política; a dissolução da Assembleia como forma de fazer com que o próprio povo resolva um conflito de poder; votação majoritária como o sistema que permite que os eleitores decidam escolhendo um programa político. Em suma, retomando títulos fetiches, "democracia sem o povo", em que os representantes decidem por si mesmos e entre si sozinhos em suas alianças e na política nacional, é transformada em uma "República dos Cidadãos", na qual estes últimos exercem as escolhas políticas e decidem sobre as orientações gerais do país que os representantes eleitos devem implementar. Assim, o povo teria entrado no regime representativo, retirando ao mesmo tempo a "enorme diferença" estigmatizada por Sieyès entre a democracia e o governo representativo.[4][5]

Apesar do rigor e brilho dessas manifestações, apesar do efeito probatório comum que produzem, não é certo que os alquimistas modernos tenham conseguido, como afirmam, transformar chumbo em ouro, isto é, o regime representativo em uma democracia. Todas as instituições, instrumentos ou mecanismos apresentados como vetores de participação direta dos cidadãos nas tomadas de decisão política também são instituições, instrumentos, mecanismos que fortalecem e aperfeiçoam a delegação de poderes. O sufrágio universal legitima a representação tanto ou mais quanto dá ao povo o controle sobre as decisões; partidos políticos organizam e reproduzem representação tanto ou mais quanto dão aos seus membros ou cidadãos os meios para intervir em escolhas políticas. O próprio poder do regime representativo nunca é alcançado por essas tecnologias políticas modernas. As pessoas podem ser mais designadas, mais solicitadas, mas sempre permanecem nos portões do espaço de deliberação. As constituições democráticas, sem dúvida, valorizam a figura do cidadão, e todas afirmam o princípio do "governo do povo, pelo povo e para o povo", mas dedicam a maioria de suas disposições para desapropriar o povo de seu poder, organizando e legitimando a existência e o discurso dos representantes e, consequentemente, a ausência e o silêncio dos representados. "Em nome de..." continua sendo a regra gramatical fundamental da forma representativa de governo das sociedades políticas.

---

[4] DUVERGER, Maurice. *La Démocratie sans le peuple*. Paris: Seuil, 1967.
[5] DUVERGER, Maurice. *La République des citoyens*. Paris: Ramsay, 1982.

A irremediável incompetência do povo para governar regularmente volta sob a caneta dos teóricos do sistema representativo para legitimar o empoderamento e a delegação completa de competências aos representantes. "A grande vantagem dos representantes", dizia Montesquieu, por exemplo, "é que eles são capazes de discutir os negócios; o povo não está pronto para isso. O grande vício na maioria das antigas Repúblicas é que o povo tinha o direito de tomar resoluções ativas as quais demandavam algumas execuções, coisas das quais ele é totalmente incapaz".⁶ Ele deve entrar no governo, Montesquieu admitia, apenas para escolher seus representantes. E mesmo o voto, quando concedido, não é entendido como um ato de participação na formação da vontade geral, porque, segundo a advertência de Sieyès, "os cidadãos não têm vontades particulares de impor". Essa negação da competência do povo e de sua capacidade de legislar diretamente é encontrada em Jean-Jacques Rousseau, reconhecendo que se "de si mesmo o povo sempre quer o bem, de si mesmo nem sempre o vê, é aí que nasce a necessidade de um legislador".⁷ Portanto, como o povo é essa multidão sem forma, essa massa sempre ignorante do que é bom para ela, sempre prisioneira de seus humores, seus medos, suas superstições, sempre incapazes de apreender racionalmente os assuntos da cidade, é "natural" confiar a gestão a pessoas que, por seus conhecimentos e habilidades, possuem os instrumentos da razão para determinar as "regras certas"; em suma, aos representantes, eleitos se necessário, mas que devem ser entendidos que mantenham as mãos livres no exercício de seu mandato e tenham o único poder de declarar a vontade geral.

Assim como a forma capitalista da economia não precisa de um cidadão, mas de um trabalhador-consumidor, a forma representativa da política também não precisa de um cidadão: o eleitor lhe é suficiente.

1.2 Afirmando a competência normativa dos cidadãos

"Em nome de..." continua sendo a regra gramatical fundamental da forma representativa de governo das sociedades políticas. No entanto, há sempre um momento em que aqueles cujos nomes "nós" falamos, "nós" pensamos e "nós" decidimos entram em rebelião aberta contra os porta-vozes instituídos. "Nós" não governamos impunemente "em nome

---

⁶ MONTESQUIEU. *De l'Esprit des lois*. Paris: Firmin Didot frères, fils et Cie, 1857. p. 240.
⁷ ROUSSEAU, Jean-Jacques. *Du contrat social*. Paris: Garnier-Flammarion, 1966. p. 76.

de". O povo é tanto a referência do sistema representativo quanto sua falha geológica na medida em que pode, a qualquer momento, estourar, levantar a crosta representativa afirmando que suas expectativas, suas preocupações, suas vontades não são aquelas que os representantes atribuem a ele. Quando tal situação ocorre, quando o sistema representativo está nu, a expressão que, como se por acaso, é imposta sob a caneta é a de "terremoto" ou "terremoto político". Esse é o momento do "colete amarelo". O sistema representativo é disfuncional; o elo representativo desconectou: os representados não mais se "veem" no corpo de seus representantes, não mais "ouvem" uns aos outros em suas vozes, não mais "reconhecem" a si mesmos em suas decisões, e os representantes não olham mais, não ouvem mais, não conhecem mais aqueles que deveriam representar. Mesmo além do desemprego em massa que, há trinta anos, colocou toda uma parte da população fora do sistema, fora de vista, a posição de empregado tornou-se instável, flexível com o aumento do *status* precário e a crescente terceirização de comércios em detrimento de contratos de duração indefinida que ligavam um empregado à sua empresa. De forma mais geral, a globalização liberal tem demonstrado que a dificuldade de se estabelecer na sociedade diz respeito não apenas às classes trabalhadoras, mas também aos "jovens dos subúrbios", isto é, jovens formados das classes médias que perdem a esperança de ter uma qualidade de vida maior do que a de seus pais. Sem perspectivas, sem a possibilidade de se projetarem em um futuro social estável, eles têm dificuldade de construir uma autoestima que os leve a se reconhecerem como atores e cidadãos responsáveis pela convivência. O sistema liberal destruiu a figura do cidadão e inventou, em vez disso, a figura do "povo" no qual os populistas confiavam. O que está acontecendo hoje com o momento dos "coletes amarelos" é a reconquista pelo "povo" de sua qualidade de "cidadão". Até então, eles ficaram em silêncio, cada um sofrendo em casa, no espaço privado, com seu aborrecimento, suas humilhações, seu rebaixamento. E então, eles saíram de suas casas, conversaram uns com os outros nas rotatórias, compartilharam seus sofrimentos, tornaram-se públicos e, por esse gesto, por essa passagem do espaço privado para o espaço público, passaram de "pessoas" para "cidadãos". No entanto, quando uma população se transforma em um povo, quando os indivíduos se transformam em cidadãos, surge a questão da legitimidade das instituições que os mantiveram fora da cidadania. Foi em 1789; foi em 1848; é hoje.

E do momento "colete amarelo" emerge outro princípio de legitimidade, o da ação contínua dos cidadãos, além dos domingos eleitorais a cada cinco anos, sobre os assuntos do Estado, sua região, seu município, sua profissão, Europa, o mundo para construir os povos comuns, e não o isolamento dos povos. O que é jogado fora e vivido nas rotatórias é a experiência de solidariedade, ajuda mútua, interdependência, cooperação, que são todos valores que rompem com aqueles impostos pelo sistema liberal.

Esse momento "colete amarelo" implica uma revolução cultural: afirmar a competência política, a competência normativa dos cidadãos. Regimes sucessivos desde 1789 têm negado essa competência e, ainda assim, têm uma forte âncora constitucional na Declaração dos Direitos do Homem e do Cidadão. Na época em que estabeleceu o princípio da representação, a Declaração de 1789 reconheceu a existência do corpo de cidadãos e sua absorção impossível por e no corpo de representantes, tornando-se necessário o primeiro gozar de autonomia. Assim, o primeiro ato dos representantes do povo francês é reconhecer que todos os membros do corpo social possuem direitos naturais, inalienáveis e sagrados, cuja apresentação prévia e pública, em declaração solene, tem a função explícita de constituir um limite à sua ação. O corpo de cidadãos é representado como existente independentemente do corpo de representantes e definido por um conjunto de direitos e, entre eles, a livre comunicação de pensamentos e opiniões, descrita como o "direito humano mais precioso". Ao reconhecerem no artigo 11 da Declaração de 26 de agosto de 1789 que cada cidadão pode falar, escrever e imprimir livremente, os representantes admitem que os cidadãos podem se expressar não através deles, como disse Sieyès, mas fora deles ou mesmo contra eles. Aos representantes, cabe a tarefa de decidir sobre a organização do espaço e exercer suas prerrogativas dedicadas; aos representados, cabe a tarefa de reivindicar, de controlar. Essa é a divisão de tarefas que a representação coloca em ação desde as primeiras palavras da Declaração de 1789: "Os representantes do povo francês resolveram expor os direitos naturais do Homem para *que os atos do poder executivo e os do poder legislativo possam ser a qualquer momento comparados* com o propósito de qualquer instituição política, sendo mais respeitados; para que as *demandas dos cidadãos*, agora baseadas em princípios simples e indiscutíveis, sempre se voltem para a manutenção da Constituição e da felicidade de todos".

A Declaração de 1789 estabelece claramente a lacuna entre o corpo dos cidadãos e o dos representantes e, de forma alguma, busca esconder, mascarar ou negar essa lacuna. O problema político é que os revolucionários não souberam ou puderam construir o espaço e meios para que os cidadãos cumprissem sua tarefa e, assim, manteve-se a lacuna. Condorcet e Hérault de Séchelles provavelmente propuseram e defenderam em 1793 um projeto de constituição que previa em benefício dos cidadãos "um meio legal de reivindicar".[8] Ao lado do Legislativo, criaram uma instituição para o controle da representação que chamaram de "júri nacional" – que alguns deputados renomeariam Conselho Constitucional! – e que tem a função de censurar os atos de representantes contrários aos direitos concedidos aos cidadãos. Porém, esse projeto foi depois rejeitado pelos Montagnards, afirmando com Robespierre que não havia necessidade de dar ao povo um meio legal para reclamar contra as leis opressivas, uma vez que eles já têm um direito natural de insurreição contra tiranias: "Submeter a resistência à opressão às formas legais é o último refinamento da tirania", declarou Robespierre.[9]

A outra âncora constitucional "esquecida" há 250 anos é o artigo 6º da Declaração de 1789, o qual afirma que "todos os cidadãos têm o direito de participar *pessoalmente* ou por meio de seus representantes na formação da lei". "Pessoalmente"! Esse advérbio foi oportunamente esquecido, ou melhor (se é possível escrever), negado pela teoria da Nação, afirmando que não há distinção possível entre cidadãos e representantes, levando a reler o artigo da seguinte forma: "Os cidadãos contribuem pessoalmente para a formação da lei pela ação dos representantes". A transfiguração do povo para uma Nação levada pela teoria da soberania nacional opera uma série de mudanças progressivas em que é realizado o desaparecimento do "pessoalmente" em "os representantes". No início, as pessoas físicas desaparecem, absorvidas pelo conceito de Nação. Então, e por necessidade lógica, a Nação, sendo um ser abstrato, não pode se expressar diretamente; ela precisa de intermediários, de pessoas naturais chamadas "representantes da Nação", escolhidas e autorizadas por ela. Finalmente, no final da estrada, ocorre a redução dos dois órgãos – os representados e os representantes – em um só: uma

---

[8] Ver Rapport de Condorcet, 15 de fevereiro de 1793, A. P., t. LVIII, p. 583; e a proposição de Hérault de Séchelles, 24 de junho de 1793, A. P., t. LXVII, p. 139.
[9] A.P., t. LXIII, p.199.

vez que o povo é a Nação e a Nação só pode se expressar através de seus representantes, não pode haver outra expressão da vontade do povo senão aquela expressa pelos representantes da Nação. Carré de Malberg descreveu perfeitamente a engrenagem de sistemas representativos, nos quais a soberania nacional se transforma em soberania parlamentar, a vontade nacional em vontade parlamentar e o Parlamento como igual ao Soberano ou melhor, escreve ele, em Soberano. O formidável prodígio da teoria da Nação permite negar que a representação é uma desapropriação do poder dos representados, afirmando que eles estão presentes no corpo dos representantes e, portanto, que sua vontade é expressa e cumprida por essa boca.[10]

O reconhecimento da competência normativa, e não apenas eleitoral, dos cidadãos é, portanto, a condição necessária para sua entrada no âmbito da produção normativa e das políticas públicas.

A participação dos cidadãos no trabalho da Justiça também deve ser consagrada no princípio do júri comunal (*principe de l'échevinage*). Julgar é certamente uma profissão e, como tal, é exercida por um corpo de profissionais. No entanto, sempre houve órgãos em que não profissionais se sentam ao lado de juízes profissionais: os tribunais locais, é claro, mas também os tribunais juvenis, os tribunais industriais, os tribunais de segurança social. A ideia dessa participação dos cidadãos na própria função de julgar é antiga e, sem voltar para Atenas, está associada à ideia de que, uma vez que a justiça é feita "em nome do povo", o povo, entendido como o povo de todos, deve estar associado ao exercício da Justiça, pois, tanto quanto o ato de votar, o ato de julgar faz o cidadão. A partir dos depoimentos de inúmeros jurados, de fato parece que o ritual que acompanha o sorteio investe a pessoa com uma responsabilidade que a transcende e a transforma: ela muda no sentido forte do termo, ou seja, ela se transforma em um cidadão consciente do fardo que representa para o bem comum o ato de julgar.[11]

A proposta que sugerimos a esse problema: a instituição de assembleias primárias de cidadãos.

---

[10] MALBERG, Raymond Carré de. *La loi expression de la volonté générale*. Paris: Economica, 1984.

[11] Vale ver ou rever o belo filme de Sidney Lumet, *Doze homens em fúria* (1956).

CAPÍTULO 2

DIREITOS HUMANOS: CÓDIGO DE ACESSO À DEMOCRACIA (TESE 2)

2.1 Reconhecendo a dupla identidade do povo

O povo da democracia não é o povo a quem o populismo se refere nem o povo de regimes totalitários. O povo da democracia não é nem um dado imediato de consciência, nem um dado natural; não é uma realidade objetiva, presente para si mesma, capaz de se entender como tal. O povo é uma criação artificial, mais precisamente criada pela lei, mais especificamente pela Constituição. Cícero dizia isso quando, na *República*, ele distingue e se opõe à multidão (*multitudo*), uma reunião sem a forma de indivíduos, e as pessoas (*populus*) que, segundo ele, "só são constituídas se sua coesão for mantida por um acordo sobre a lei".[12] O povo não é apenas uma associação de indivíduos, é uma associação *política*, e o fim de uma constituição é transformar uma associação primária de indivíduos em uma associação política de cidadãos.

A história da formação dos povos é, de fato, a de um processo contínuo e muitas vezes conflituoso de integração de indivíduos, grupos, comunidades inicialmente estranhos entre si e que, por meio da ação da lei e das instituições que a Constituição estabelece, se veem vinculados a questões comuns a serem debatidas e resolvidas, por regras comuns, mediante serviços comuns que, por sua vez, desenvolveram um senso de solidariedade que constitui o povo político. Quando, por exemplo, Mirabeau quer descrever o estado da França na véspera da

---

[12] CICÉRON. *La République*. Paris: Gallimard, 1994. p. 45.

Revolução, ele fala de uma "miríade de povos" e, depois de 1789, essa "miríade" tornou-se, ainda sob a caneta de Mirabeau, o "povo francês". O que transformou uma multidão em um povo, para assumir a pergunta de Rousseau, foi a Declaração de 1789, que, ao constituir os deputados "representantes do povo francês", criou, a partir do mesmo movimento, a representação e o povo, ligando assim um ao outro: os deputados não podem proclamar-se "representantes do povo" se não construírem o corpo político que querem representar e, portanto, por outro lado, o povo só pode existir se os representantes o construírem para que então existam em si mesmos. Poder mágico da Constituição, que, a partir do mesmo movimento, cria o corpo político do povo e dá a essa criação jurídica a estranha sensação de ser o reflexo de uma coisa – o povo – que ela produziu "na realidade"! E essa enunciação constitucional, por mais mágica que seja, não é menos eficaz em produzir comportamentos, regras, instituições que se conformam com ela.

Esse papel da lei e, em particular, da Constituição na construção de uma sociedade política, na produção de uma convivência social em conjunto, não é comum. Por mais que seja acordado reconhecer o papel da economia, história, sociologia, religião, é mais difícil admitir e até mesmo pensar em um possível papel do direito nesse trabalho político. Surge depois, diz-se, uma vez que tudo acaba, para colocar em ordem e oferecer um discurso de legitimação. No entanto, mesmo que um jurista deva, como todos os outros, ter cuidado com seu próprio escritório, disse Montaigne, devemos reconhecer no direito, com Bourdieu, que não gostava muito dele, "uma força própria que é instituir, ou seja, fazer existir, dar vida ao que ele nomeia".[13] Como o espelho dado à rainha que pergunta sua identidade, a constituição é aquele espelho mágico que diz e faz o cidadão ao mesmo tempo, afirmando os direitos que o constituem.[14]

Essa representação constitucional do povo às vezes é entendida como um medo ou, para usar o título do livro de Jacques Rancière, um ódio à democracia, na medida em que negaria qualquer lugar ao "povo de todo o mundo e não importa a quem".[15] Na história e nas

---

[13] BOURDIEU, Pierre. La force du Droit. *Actes de la recherche en sciences sociales*. Vol. 64, septembre 1986. Numéro thématique: De quel droit? p. 3-19.
[14] É por isso que alguns membros da Assembleia Constituinte não foram a favor da elaboração dessa declaração, que, segundo eles, carregava o risco de certas "pessoas" se comportarem de acordo com a identidade que ela lhes deu.
[15] RANCIÈRE, Jacques. *La haine de la démocratie*. Paris: La Fabrique, 2005.

filosofias políticas, essa compreensão ajurídica, senão antijurídica do povo, nunca abriu os caminhos para a democracia, pois, se o povo não for construído por um "acordo baseado no direito", como diz Cícero, ele se reconhecerá por outros elos, por outros "acordos", como um acordo sobre sangue, acordo sobre raça ou acordo sobre a pessoa do chefe que encarna o povo. A crítica da representação em Schmitt desemboca em uma "democracia" em que o povo, para existir, deve ser absorvido na pessoa do líder.[16] A identidade do povo se fabrica pelo desaparecimento da fusão das pessoas no corpo do príncipe que é o povo. Pelo contrário, a fabricação constitucional do povo implica uma lacuna entre o povo-corpo-político e o povo-todo-mundo, uma lacuna em que precisamente a possibilidade de uma relação democrática está em jogo pela necessidade de um modo deliberativo de elaboração da vontade geral: como não está no corpo do povo-príncipe, deve ser construído por uma troca entre os "dois povos", em outras palavras, pela política.[17]

Assim, a Constituição não constrói apenas o cidadão como um ser abstrato. Sem dúvida, o Conselho Constitucional, em sua decisão de 9 de maio de 1991, descreve o povo francês como um "conceito jurídico" que, aparecendo "por dois séculos em muitos textos constitucionais, tem valor constitucional" e, portanto, proíbe o legislador de tornar o povo da Córsega um componente do povo francês.[18] Porém, a Constituição não só fabrica uma abstração; também fabrica o cidadão concreto como ser físico. A Declaração de 1789, na verdade, é dirigida "aos membros do corpo social". Os direitos declarados são declarados para "cada homem", "todos os cidadãos" e os "membros da sociedade": "O exercício dos direitos naturais de *cada homem*", estabelece o artigo 4º, "não tem por limites senão os que asseguram aos *outros membros da sociedade* o gozo dos mesmos direitos"; "*todos os cidadãos* têm o direito de participar *pessoalmente* ou por meio de seus representantes" na formação da lei, afirma o artigo 6º, que prossegue afirmando que "todos os cidadãos" são iguais aos olhos da lei; "*nenhum homem* pode ser acusado, preso ou detido exceto em casos determinados por lei" (artigo

---

[16] Ver, por exemplo, SCHMITT, Carl. *Parlementarisme et démocratie*. Paris: Seuil, 1988; Id. *Théorie de la constitution*. Paris: PUF, 1993.
[17] Permita-me referir-me ao meu seminário "Constituição e Democracia" como parte do curso de Pierre Rosanvallon, Collège de France, abril de 2008, publicado também em português como ROUSSEAU, Dominique. Constitucionalismo e democracia. *Revista de Estudos Constitucionais, Hermenêutica e Teoria do Direito*, v. 10, n. 2, 2018, p. 228-237.
[18] CC 91-290 DC, 9 de maio de 1991, R. p. 50.

7º) e *"ninguém* será perturbado por suas opiniões" (artigo 10); *"todo cidadão"*, diz o artigo 11º, "pode, portanto, falar, escrever e imprimir livremente". Em termos claros, as pessoas que a Declaração coloca no cenário político são "todos"; é para "todos" que a Declaração atribui direitos – contribuir para a formação da lei, falar e escrever livremente etc. – e é através desses direitos que "todo e qualquer indivíduo" se torna cidadão. Parafraseando Simone de Beauvoir, "não se nasce um cidadão, torna-se um através do agir constitucional".

E as declarações subsequentes de direitos reforçam essa lógica política "individual", conectando "todos" com sua realidade vivida, com seu ambiente social, com sua singularidade. O preâmbulo de 1946 dá à *mulher* direitos iguais aos do homem (parágrafo 3º); ao *trabalhador*, o direito de participar da gestão de seu negócio (parágrafo 8º); à *criança*, à mãe e aos *idosos*, o direito à proteção à saúde (parágrafo 11); à *criança* e ao *adulto*, o direito à educação e à cultura (parágrafo 13). Aqui, não é o indivíduo abstrato que a Constituição constrói, mas o indivíduo concreto, preso em sua situação de gênero, profissional, geracional etc. Continuando essa lógica, a Carta Ambiental de 2004 considera o indivíduo em seu ambiente natural: *"Todos* têm o direito de viver em um ambiente equilibrado que respeite a saúde" (artigo 1º); *"todos* têm o dever de participar na preservação e melhoria do meio ambiente" (artigo 2º); *"cada pessoa* tem o direito de acessar informações ambientais detidas pelo poder público e de participar na elaboração de decisões públicas que afetem o meio ambiente" (artigo 7º).

Assim, a Constituição não fabrica apenas o povo-corpo-político; também fabrica o povo dos indivíduos democráticos, dando a "todos" os direitos que os transformam e baseiam sua legitimidade para intervir e agir em todas as esferas da cidade: negócios, família, escola, meio ambiente, consumo, saúde, lei etc.

O povo da democracia contínua se constrói e, portanto, se define pelos direitos que a Constituição enuncia em benefício de seres físicos concretos, e esse modo de construção significa que o povo da democracia contínua nunca se fecha em si mesmo, fundado de uma vez por todas e definitivamente; ele permanece sempre aberto, pois é um povo contínuo naquilo que a "lista" de direitos que o constitui está crescendo e mudando sem parar. Ao contrário da crença popular, a Constituição não é um texto morto, parado no momento em que foi redigido; é um ato vivo, um espaço aberto à criação contínua de direitos. Isso se expressa no vocabulário da filosofia por Claude Lefort quando define a "democracia selvagem" não como um regime político sem instituições e direitos, mas, pelo contrário, como um regime no qual o reconhecimento dos direitos humanos abre um processo contínuo de criação de direitos: "Onde a sensibilidade ao direito é difundida", escreve, "a democracia é necessariamente selvagem e não domesticada".[19]

2.2 Direitos humanos: criador do espaço público democrático

Pode parecer trivial dizer que a criação contínua de direitos é o coração vivo da democracia. No entanto, essa tese, é preciso admitir, não é aceita por unanimidade. Marcel Gauchet, entre outros intelectuais, até propõe uma crítica radical considerando que a crise contemporânea da democracia encontra uma de suas explicações na contínua multiplicação e onipotência de direitos. A democracia, argumenta Marcel Gauchet, é composta por três elementos: o político, ou seja, o quadro no qual uma comunidade de indivíduos se encaixa e controla seu destino; o direito, ou seja, o princípio da legitimidade desse quadro; e a história, isto é, a preocupação com o futuro dessa coletividade. E a situação da democracia depende da qualidade da composição e articulação desses três elementos: ou eles se equilibram e a democracia "vai bem", ou um dos três prevalece e a democracia "vai mal". Esse foi o caso, diz ele, na primeira metade do século XX, quando a dominação do elemento político provocou uma "crise do liberalismo" pela afirmação de fortes poderes estatais, trazendo de volta sob sua autoridade e reduzindo ou mesmo reprimindo sob a figura unitária da Nação a diversidade social e humana. É o caso de hoje, em que a dominação do elemento direito provoca uma "crise da democracia" pela afirmação dos direitos subjetivos dos indivíduos, constantemente estreitando o papel do Estado e significando, por sua universalidade, o fim da história. "Não são mais os delírios do poder que temos que temer", resume Marcel Gauchet, "são os estragos da impotência". O juiz constitucional que vem lembrar ao político que não pode fazer tudo, que deve legislar sob o olhar e controle dos cidadãos e dos constitucionalistas que se maravilham com essa proteção constitucional dos direitos fundamentais e incentivam o juiz a reconhecer constantemente novas liberdades seria obviamente

---

[19] LEFORT, Claude. *Eléments d'une critique de la bureaucratie*. Paris: Gallimard, 1979.

responsável por essa "crise da democracia". O mal democrático seria o "direito do humanismo", e a urgência seria, portanto, para a reabilitação do político, do povo-corpo-político, do Estado.[20]

Se a tese de Marcel Gauchet é estimulante e sedutora por sua capacidade de fornecer uma estrutura ordenada para compreender a história política ilegível e confusa – pelo menos *a priori* – das sociedades ocidentais, não pode ser convincente. Sem pensar na imprudência de sustentar um "excesso" de direitos quando a tantas mulheres e homens, aqui e em outros lugares, lhes faltam – direitos à moradia, saúde, educação, livre disposição do corpo –, o nexo de causalidade ou de correspondência estabelecido por Marcel Gauchet entre a ascensão do elemento "direito" e a crise da democracia merece ser discutido, sobretudo porque o autor entende por "direito" os direitos humanos e afirma que eles conduzem a "um poder sem conteúdo, autocelebrando-se no vazio". Quando, de fato, os indivíduos se reúnem, esse encontro sempre produz a necessidade de regras que formem a base de sua vida comum e organizem suas relações, que, retornando ao artigo 2º da Declaração de 1789, os constituem em "associação política". Não há sociedade sem regras. E, para assumir o problema de Marcel Gauchet, quando essas sociedades deixam a religião e, de forma mais geral, qualquer forma de transcendência em que enraizar as regras de integração política, o único meio secular que resta para "fazer sociedade", para garantir a manutenção, controle e destino do coletivo, ou seja, da política e da história, é o direito. Nas sociedades pós-metafísicas, sem direito não há política nem história. Só vazio e anomia. Ao contrário das afirmações de Marcel Gauchet, os direitos humanos não sufocam a política ou a história. Eles se abrem, pelo contrário, para a política porque colocam os indivíduos em relação uns com os outros – liberdade de ir e vir, liberdade de expressão etc. – para construir as regras, de modo que eles se abrem diante da história porque eles estão sempre diante de nós, para descobrir e perceber: a igualdade proclamada em 1789, a habitação proclamada em 1946 e o ambiente saudável proclamado em 2004 ainda permanecem direitos a porvir e não finitos, sob o pretexto de que eles teriam sido proclamados em 1789, 1946 e 2004.

O lugar tomado pelos direitos humanos em questões democráticas contemporâneas não leva, além disso, ao reconhecimento da

---

[20] GAUCHET, Marcel. *L'événement de la démocratie*. Tome 1: la révolution moderne. Paris: Gallimard, 2007.

qualidade constitucional de todas as exigências, demandas ou expectativas dos cidadãos. A transição do Estado pré-normativo para o Estado normativo, ou seja, da reivindicação de direito ao seu reconhecimento constitucional, é sempre resultado de um processo que ocorre em três etapas, cujas temporalidades variam de acordo com os "direitos" em questão. A primeira etapa é quando a reivindicação de um direito até então marginal acaba expressando uma forte contradição social, ou seja, uma contradição que poderia chamar a questão do próprio ser da sociedade se não fosse cuidada, tratada e transformada, por meio da técnica jurídica, em lei; sem desaparecer, a contradição foi transformada, mudou sua forma e, assim, perdeu sua força destrutiva por fazer parte do sistema de regulação jurídica das sociedades modernas. A segunda etapa é onde a transição do estado de reivindicação ao Estado de direito é apresentada, em uma relação de coerência com os direitos existentes a ponto de seu reconhecimento constitucional ser percebido como produto, como a extensão "natural" dos direitos já vigentes. A última etapa é aquela em que a reivindicação não se expressa mais na linguagem particular da revolta política, pois ela se moldou, a fim de ganhar autoridade e acessar o reconhecimento constitucional, na forma de expressão própria do direito a que aspira. Toda reivindicação, toda necessidade, toda aspiração não se tornam imediata e automaticamente um direito humano-do-povo oponível ao povo-corpo-político. A Constituição estabelece um conjunto de procedimentos, incluindo processos judiciais, que obrigam os atores sociais a argumentar suas pretensões para transformar uma necessidade em direito, para mostrar que seu não reconhecimento constitucional ameaçaria a ordem política, para encontrar a formulação jurídica que permite que a reivindicação seja coerente com o sistema de direitos existentes e, assim, convencer sobre a legitimidade da transição do Estado pré-normativo para o Estado normativo. Antes de ser um direito constitucional, o voto, as greves, a capacidade das mulheres de dispor livremente de seus corpos ou a possibilidade de ter moradia digna foram reivindicações que mudaram de *status*, seguindo as três etapas do percurso procedimental. Continuar, por exemplo, a classificar juridicamente uma interrupção da gravidez como um crime que arriscou causar profunda desordem na sociedade francesa na década de 1970 e o reconhecimento do direito de uma mulher de dispor de seu corpo livremente poderiam ser facilmente deduzidos da liberdade individual já permitida pelo sistema. Hoje, na França, o voto dos estrangeiros é uma demanda em trânsito, em meio aos três momentos do percurso, pelo seu reconhecimento como direito constitucional.[21]

Precisamos ir ainda mais longe, porque, no pano de fundo da crítica de Marcel Gauchet e de outros pensadores,[22] há a ideia de que os direitos humanos valorizam ou mesmo santificam o indivíduo e explodem todos os coletivos sociais: a família, que não é mais uma entidade, mas uma associação de indivíduos, cada um com direitos; a classe trabalhadora, que foi dissolvida na individualização dos contratos de trabalho; os partidos políticos varridos pela encenação de egos; escola; imprensa; a vida em conjunto etc. Ao contrário desse pensamento infeliz, tudo nos leva a considerar que os direitos humanos são, na realidade, o princípio de um individualismo relacional,[23] de um espaço público onde o "público" quer dizer "comum", ligando indivíduos uns aos outros. A questão política de hoje não é, de fato, a do indivíduo ou mesmo a de uma sociedade que seria composta de sujeitos líquidos, para retomar a expressão de Zygmunt Bauman, nem uma pergunta nova ou recente provocada pelo espírito maligno de maio de 1968.[24] O indivíduo tem sido o princípio da política há muito tempo. O capitalismo, com sua mística de interesse individual, seus mecanismos de individualização dos contratos de trabalho e seu direito à propriedade, sem dúvida, moldou esse processo de individualização, mas o socialismo não o perturbou, pois, segundo o próprio Marx, a sociedade concreta que virá será aquela "onde o livre desenvolvimento de cada um é a condição para o livre desenvolvimento de todos". Todas as tragédias políticas – especialmente as do século XX – são causadas pelo esquecimento ou ignorância ou pela destruição da autoconsciência quando os indivíduos abdicam ou são forçados a abdicar de sua individualidade em um grande todo: o partido, o Estado, a religião, a raça. Se, portanto, o processo social e

---

[21] Isso explica, por exemplo, o vocabulário do Conselho Constitucional apresentando os novos direitos que ele descobre como "derivados" de direitos já reconhecidos, "incluídos" nesses direitos ou como "componentes" desses direitos.

[22] Ver, por exemplo, FINKELKRAUT, Alain. *L'identité malheureuse*. Paris: Gallimard, 2014 e o trabalho-chave deste pensamento crítico do individualismo contemporâneo de LIPOVETSKY, Gilles. *L'ère du vide*. Paris: Gallimard, 1983.

[23] No mesmo espírito, mas do ponto de vista sociológico, ver as obras de François de Singly, *Libres ensemble*. Paris: Nathan, 2000; Id. *Les Uns avec les autres*. Paris: A. Colin, 2003; e Id. *Quand l'individualisme crée du lien*. Paris: A. Colin, 2007. Ver, também, ION, Jacques. *S'engager dans une société d'individus*. Paris: A. Colin, 2012.

[24] Ver, por exemplo, BAUMAN, Zygmunt. *La vie en miettes*. Paris: La Rouergue/Chambon, 2003; MICHON, Pascal. *Les rythmes de la politique*: démocratie et capitalisme mondialisé. Paris: Les Prairies ordinaires, 2008.

histórico é o de uma sociedade de indivíduos, a questão política muda; torna-se a questão da organização dessa fluidez social, da harmonia dessa fluidez para que não produza uma sociedade caótica; a questão é a do instrumento para a construção do comum, da generalidade nessa sociedade fluida. As respostas "do passado" não funcionam mais: Deus, a Nação, o Estado, as classes sociais que deram aos indivíduos um senso de pertencimento comum – "eu pertenço ao povo cristão, à nação francesa, à classe trabalhadora etc." – não são mais operadores eficazes do senso comum dos indivíduos. Neste momento histórico e nessa configuração, a Constituição, entendida como o conjunto de direitos e liberdades fundamentais, pode ser esse instrumento comum aos indivíduos, que podem se reconhecer tanto em sua particularidade, seu próprio ritmo, mas também nos valores compartilhados – esses valores constitucionais comuns que Habermas chama de "patriotismo constitucional". Um verdadeiro espelho mágico, a Constituição se oferece como um texto secular, como um conjunto de princípios compartilhados, como um lugar onde o indivíduo "desencantado" pode reconstruir uma identidade comum.

Mais uma vez, essa compreensão relacional dos direitos humanos pode surpreender, pois é comum pensar neles sob o signo da individualidade. Ao descrever a liberdade, a propriedade, a segurança e a resistência à opressão como "direitos naturais e imprescritíveis do homem", os autores da Declaração de 1789 teriam credenciado a ideia de que esses direitos, enraizados na natureza humana, pertencem ao indivíduo constituído como sujeito de direito. Essa leitura não é apenas defendida por pensadores liberais; junta-se, mas obviamente de uma perspectiva crítica, à análise de Marx, para quem os direitos humanos consagram o triunfo do individualismo, "a separação do homem do homem", o "egoísmo burguês", tornando cada indivíduo um ser isolado, um "mônada".[25]

No entanto, outra leitura ainda é possível: a que concebe os direitos humanos não como liberdades individuais, não como liberdades "fechadas", mas como "liberdades de relações", segundo a expressão de Claude Lefort.[26] Quando o artigo 6º da Declaração de 1789 reconhece o direito dos cidadãos de participar da formação da lei, convida os cidadãos a entrar em contato uns com os outros para

---

[25] MARX, Karl. *La question juive*. Paris: UGE, 1968.
[26] LEFORT, Claude. *Droits de l'homme et Politique*. Paris: Payot, 1980.

definir a vontade geral; quando o artigo 4º define a liberdade como o poder de fazer qualquer coisa que não prejudique os outros, convida os indivíduos a levar em consideração a existência e os direitos do outro; quando o artigo 11 proclama a liberdade de comunicação de pensamentos e opiniões, convida o indivíduo a não se fechar em si mesmo e a se abrir aos outros, a se colocar em contato com outros indivíduos. Em outras palavras, a Declaração de 1789 quebrou o sistema fechado de ordens do Antigo Regime e o substituiu por um sistema aberto. O que os direitos humanos inauguram não é a constituição de um espaço privado, que seria fechado e em que se fecharia cada indivíduo, mas a criação de um espaço público no qual o corpo e as ideias de cada indivíduo podem circular livremente e se confrontar necessariamente com os corpos e as ideias dos outros. Essa qualidade relacional de direitos e liberdades oferece a vantagem de concebê-los como um todo coerente e universalizável. Alguns defendem, de fato, a ideia de uma ruptura filosófica e política entre os direitos da "primeira geração" – aqueles enunciados em 1789 – e os direitos da geração "segunda" e "terceira" – aqueles enunciados em 1946 e 2004. Apenas os primeiros seriam direitos humanos "verdadeiros", precisamente porque teriam o indivíduo como seu titular, a quem dariam poderes de fazer as coisas; os outros seriam direitos "falsos", que seriam mais interessantes para os grupos – a família, os trabalhadores, os jovens etc. – do que para o indivíduo. Trata-se da oposição clássica entre direitos-liberdades, de um lado, e reivindicações de direitos, de outro, implicando uma hierarquia que confere primazia aos direitos-liberdades. Embora seja uma oposição clássica, ela é jurídica e filosoficamente inconsequente. O Conselho Constitucional francês nunca a reconheceu, sempre tentando operar, caso a caso, uma conciliação, uma mediação que varia de acordo com os direitos constitucionais em questão, ao invés de construir uma hierarquia formal ou material. E se os direitos de 1789 já são direitos relacionais, e não direitos individualistas, os de 1946 e 2004 fazem parte de sua extensão lógica, ampliando o espaço das relações humanas para outros atores – trabalhadores, jovens, pais etc. – e para outras formas de vida. O direito ao meio ambiente, por exemplo, não apenas implica a consideração das relações que as pessoas estabelecem entre si em seu contato com a natureza, uma vez que o equilíbrio ecológico geral da sociedade depende da variedade e multiplicidade dessas relações, como também implica a contribuição, cooperação e participação de todos na gestão do meio ambiente. Direitos-liberdades, direitos sociais, direitos ecológicos, direitos de solidariedade, todos esses direitos se enquadram na mesma categoria de direitos e liberdades relacionais, compreendendo o indivíduo da democracia contínua em todas as suas dimensões sociais. Não se limita apenas à dimensão individual-eleitoral; ele é considerado em suas qualidades como um trabalhador, um pai, um consumidor, um aluno, um crente, um livre-pensador etc.; ele é o indivíduo que reúne na Constituição a pluralidade de figuras e ritmos de vida que ocupa no espaço do seu cotidiano. A diversidade de direitos humanos expressa a diversidade de situações sociais nas quais as pessoas vivem: estudante em um momento de suas vidas, trabalhador durante o dia, consumidores aos sábados, ser mãe ou pai à noite, doentes de vez em quando, eleitores em um domingo em que há eleições. Enquanto o sistema representativo quer conhecer apenas o indivíduo em sua dimensão de eleitor, a democracia contínua tem por referência o indivíduo plural, multidimensional, aquele que ocupa diversas esferas de atuação, que se move em diversas esferas temporais e, portanto, deve ter direitos contínuos de agir e reivindicar em cada uma dessas esferas e temporalidades. Não é "democrático" o indivíduo cujos direitos param nos confins das esferas onde suas vidas ocorrem diariamente; a dimensão "direito de voto", por si só, não pode ser suficiente para lhe dar essa qualidade.[27]

    De acordo com uma representação clássica, herdada, para se limitar ao período recente, a partir da tradição hegeliana, a sociedade seria dividida em um espaço civil e um espaço político. O primeiro seria o de interesses privados, com os indivíduos envolvidos em suas determinações sociais, atividades profissionais e conflitos; o segundo seria o das instituições públicas, com a representação e o Estado. Entrelaçadas por todo um período histórico, essas duas sociedades teriam gradualmente se separado, o espaço político "saindo" do espaço civil para gerenciá-lo, e essa separação seria a marca da "modernidade". Na forma representativa da democracia, o único lugar legítimo de produção de regras é a esfera político-institucional. Para essa representação efetiva, mas um pouco rústica, é possível, na lógica das obras de Habermas, propor outro esquema em que se intercale, entre o espaço civil e o espaço político, o espaço público. Este último pode ser entendido como o lugar que recebe, por meio de associações, movimentos sociais e jornais, ideias

---

[27] Ver, por exemplo, ROUSSEAU, Dominique. *Droit du contentieux constitutionnel*. Paris: Lextenso, 2012. p. 125 e ss.

produzidas no espaço civil e onde, através do confronto e da deliberação pública, a opinião pública se baseia em propostas normativas, que são então trazidas para o espaço político. Isso porque o modelo de democracia contínua ganha sentido pela afirmação da capacidade do espaço público de produzir, por meio da deliberação, as demandas normativas dos cidadãos e impô-las, pela mobilização de seus atores, do poder político, operando uma redução do Estado e, em particular, de sua pretensão de se colocar como "tutor" da sociedade. Daí uma importante consequência jurídica: a constituição não é mais a constituição do Estado, mas a constituição da sociedade, uma vez que todas as atividades dos indivíduos previstas no direito podem estar relacionadas à constituição. Se a sociedade é composta por indivíduos, ela não se tornou uma sociedade de individualistas que ignoram uns aos outros soberbamente ou dramaticamente, porque esses indivíduos estão conectados uns aos outros pela constituição. É esse texto que impede que os indivíduos flutuem soltos no espaço, dando-lhes um ponto fixo no qual todas as suas atividades podem ser articuladas.

A distinção democrática está precisamente neste contínuo questionamento dos direitos humanos. Regimes totalitários, bem como regimes democráticos, "funcionam" sem dúvida por meio do direito; porém, enquanto os primeiros recusam, por uma questão de princípio, qualquer discussão sobre o direito do qual eles afirmam ser os únicos titulares legítimos, os últimos aceitam, por uma questão de princípio, a legitimidade do debate sobre direitos. A especificidade da democracia é deixar a questão dos direitos sempre aberta, uma vez que sua lógica é não reconhecer nenhum poder, nenhuma autoridade cuja legitimidade não possa ser discutida; e, no centro dessa discussão, constantemente, o questionamento das demandas que podem ser qualificadas ou não como direitos humanos. A democracia contínua ganha sentido através do reconhecimento na constituição "do direito a ter direitos, liberando assim uma aventura cujo curso é imprevisível".[28]

---

[28] LEFORT, Claude. *Droits de l'homme et Politique*, cit., p. 51.

CAPÍTULO 3

DO MANDATO DELIBERATIVO (TESE 3)

3.1 A falsa alternativa entre mandato representativo e mandato imperativo

Os constitucionalistas geralmente distinguem entre duas formas principais de democracia, isto é, democracia representativa e democracia direta, respectivamente, baseadas em dois princípios distintos, a saber, o princípio da soberania nacional e o princípio da soberania popular, bem como em dois modos diferentes de ação: o mandato representativo para o primeiro e o mandato imperativo e/ou referendo para o segundo.

De acordo com o primeiro princípio, a soberania, poder supremo de afirmar a vontade geral, não pertence aos cidadãos físicos, mas, sim, a um ser político, a uma pessoa jurídica distinta dos cidadãos naturais que a compõem e que é a Nação. Assim, o artigo 3º da Declaração de 1789 estabelece claramente que "o princípio de toda a soberania reside essencialmente na nação", e o Título III da primeira Constituição francesa de 14 de setembro de 1791 prevê que a soberania "pertence à Nação; nenhuma seção do povo, nenhum indivíduo, pode reivindicar o exercício dela". Portanto, uma vez que a Nação é um ser abstrato, ela só pode ser expressa por seres físicos chamados "representantes da Nação", mas sua designação de forma alguma implica eleição ou votação. O titular único da soberania seria a Nação, os cidadãos não têm qualquer direito ao sufrágio universal; cabe à Nação designar aqueles que ela reconhece como adequados para representá-la. "O *status* de eleitor", escreveu Barnave em 1791, "é apenas uma função pública a qual ninguém tem direito" e, com base nisso, a Constituição de 1791 designara o rei como um dos representantes da Nação e concedera a função de eleger deputados apenas aos cidadãos "ativos, os quais fizeram uma contribuição direta pelo menos igual ao valor de três dias de trabalho".

Assim, como logicamente a condição de eleitor não é um direito, mas, sim, uma função, o referendo não faz parte da lógica representativa da soberania nacional. O raciocínio é sempre o mesmo e se desdobra em duas proposições simples: a vontade está na Nação, e não no povo dos cidadãos; ela está, portanto, concluída, completa e perfeita quando é declarada pela Nação, expressa por seus representantes.

Essa exclusão lógica do referendo em um sistema representativo baseia-se, portanto, no pensamento do povo, uma multidão incapaz de portar uma vontade e entender os riscos, um pensamento que os constitucionalistas remetem a Montesquieu e Sieyès. A esse argumento doutrinário, os constitucionalistas da Terceira e Quarta Repúblicas acrescentam as memórias das consultas bonapartistas: "Na França", escreve, por exemplo, Barthélémy, "há uma objeção política à introdução do referendo: temermos o golpe de Estado, temermos que o povo vote em um homem que derrubaria a República" (1804 e 1851).[29] A gramática representativa do princípio da soberania nacional exclui, portanto, qualquer ideia de referendo.

Outra é a lógica aberta pelo segundo princípio, o da soberania popular. Nela, a soberania pertence aos cidadãos físicos, à universalidade dos cidadãos de acordo com a expressão usada pelas Constituições do ano I (1793) e do ano III (1795) e, consequentemente, detentor de todos os direitos, o cidadão exerce pelo seu voto um direito, e não uma função que o faz participar diretamente da determinação e condução da política de seu país. Como o cidadão realmente existe, fisicamente, não há necessidade de representação; ou melhor, a representação é excluída porque a soberania não pode ser representada. O povo soberano age e deseja, pessoal e diretamente, sem representantes. Jean-Jacques Rousseau é, naturalmente, a referência doutrinária de todos os constitucionalistas, fazendo do cidadão de Genebra o pai da democracia direta.[30]

Como o povo não pode transmitir nem delegar sua soberania, uma vez que ninguém, mesmo uma pessoa eleita pelo povo, pode expressar a vontade geral no lugar do povo, o referendo logicamente

---

[29] BARTHÉLÉMY, Joseph. *Traité de droit constitutionnel*. Paris: Dalloz, 1933. p. 136.

[30] Outros fazem de Jean-Jacques Rousseau o pai do absolutismo estatal, como DUGUIT, Léon. Jean-Jacques Rousseau, Kant et Hegel. *Revue du droit public*, v. 25, 1918, p. 173-211; ou HOFFMAN, S. Du contrat social, ou le mirage de la volonté générale. *Revue internationale d'histoire politique et constitutionnelle*, v. 16, 1954, p. 288-315.

aparece como o instrumento da democracia direta, uma vez que permite ao povo, e não seus representantes, decidir pessoalmente sobre as leis. E se, por exceção, os representantes forem necessários, eles só podem ter um mandato imperativo que os obrigue a obedecer às vontades transmitidas pelos cidadãos dos quais são apenas os comissários. Impensável no contexto da soberania nacional e do regime representativo, o referendo só seria imaginável no âmbito da soberania popular e da democracia direta.

3.2 Críticas ao referendo

Sem negar o valor heurístico dessa classificação constitucional, fazer do referendo o marcador ou instrumento da democracia direta merece ser discutido e, talvez, até negado.

Primeiro, porque a palavra "referendo" abrange vários significados, cujas diferenças têm consequências não desprezíveis sobre o escopo real da participação direta das pessoas na fabricação dos textos que organizam a vida comum. Esse escopo varia com o propósito do referendo. Pode ser previsto para todos os atos da vida do Estado – constituição, leis, tratados internacionais, decretos – ou apenas para alguns. Na Itália e na Dinamarca, por exemplo, as leis orçamentárias não podem ser submetidas a um voto popular. Na França, a Constituição de 1958 limitou o escopo do referendo a duas categorias de leis: aquelas relativas à organização das autoridades públicas (1962) e as que autorizavam a ratificação de tratados internacionais que poderiam ter incidência no funcionamento das instituições (1972). Uma revisão da Constituição, iniciada por Jacques Chirac em 1995, estendeu esse domínio às leis relativas à política econômica, social e ambiental da Nação e aos serviços públicos que contribuem para ela. O escopo real da participação direta do povo também varia com a modalidade de referendo, que pode ser facultativo ou obrigatório. Na França, por exemplo, um referendo para ratificar uma revisão da Constituição é facultativo se o governo é quem inicia a revisão, mas é obrigatório se vier do Parlamento (artigo 89). O escopo também varia com o procedimento de referendo, que pode ser desencadeado pelos próprios cidadãos (Itália, Suíça), pelo Parlamento (Áustria, Dinamarca, Itália, França), pelo governo (França) ou por uma combinação de atores (parlamentares-cidadãos-juízes constitucionais na França desde a revisão de 2008). Finalmente, o escopo varia com a natureza do referendo, que só pode ser consultivo (Noruega, Suécia,

Reino Unido) ou decisório (Áustria, Suíça, Itália, França etc.). Ou seja, mesmo assumindo que o referendo é o instrumento da democracia direta, ele não garante a participação do povo na gestão dos assuntos públicos que seja geral, compulsória e deliberativa, uma vez que a intervenção direta do povo pode ser excluída em determinados atos – impostos ou tratados internacionais, por exemplo – ou não ter consequências na tomada de decisão.[31]

Outro motivo para discutir o valor do referendo é porque ele se realiza pelo ato de votação. Essa precisão, que pode parecer trivial, assume uma importância analítica particular quando está relacionada às observações regularmente ouvidas com o propósito do referendo, que seria "dar voz ao povo". No entanto, com o referendo, não é a palavra que é dada ao povo, é o voto; e o mesmo voto desse referendo permanece mais como um ato de aclamação do que um ato de participação. Exceto quando tem a iniciativa, o cidadão não participa da escolha da questão, de sua elaboração, de sua formulação, mas só é convidado por outras instituições – o presidente, o Parlamento – para ratificar ou não por seu voto um texto que ele não redigiu. Da mesma forma, uma vez que seu voto foi feito, o cidadão é despossuído do resultado na medida em que não determina o significado político e o escopo normativo do voto, que serão "fabricados" pelas instituições de representação, como os partidos políticos, assembleias parlamentares e/ou governo. Assim, em 2005, o povo francês foi despossuído da interpretação da vitória do "não" no referendo sobre a Constituição Europeia pelas instituições da representação que consideraram, apesar dessa votação, que poderiam tomar o texto sob a forma de um tratado, o Tratado de Lisboa, ratificando-o pelo Parlamento, em 2008. Em 9 de fevereiro de 2014, o povo suíço votou "sim" à pergunta "você aceita a iniciativa popular 'contra a imigração em massa'?". Porém, a votação não deu resposta alguma sobre a implementação desse princípio, e a Constituição devolve ao Conselho Federal a responsabilidade de decidir, no prazo de três anos, as regras sobre as cotas de estrangeiros autorizados a trabalhar na Suíça e as modalidades de sua aplicação. Essa referência às instituições representativas e esse longo atraso levaram alguns funcionários europeus e suíços a acreditarem que o Conselho Federal fosse capaz

---

[31] Em 1984, o presidente da França, François Mitterrand, propôs uma revisão da Constituição destinada a permitir que o povo votasse por referendo sobre as garantias fundamentais em termos de liberdades públicas. Essa proposta de estender o campo do referendo às liberdades civis havia sido rejeitada pelo Senado e, portanto, não poderia ser aprovada.

de encontrar meios legais para mitigar o escopo normativo da votação do referendo.[32]

Por último, mas não menos importante, a democracia direta não pode ser alcançada por meio do voto referendário porque seu instrumento não é o referendo, mas a presença física dos cidadãos no mesmo lugar para propor, discutir, alterar e aprovar leis – no sentido geral do termo. Referindo-se, de fato, à democracia ateniense, parece que a expressão da vontade do povo só pode ser qualificada como "direta" se e somente se todos os cidadãos estiverem fisicamente presentes – e, portanto, não representados – em praça pública ou em assembleia para deliberar sobre as leis. A tradução doutrinária mais próxima dessa concepção encontra-se nos escritos de Victor Considérant[33] e Moritz Rittinghausen,[34] que rejeitaram a ideia do referendo em favor de um sistema no qual os cidadãos se reuniriam em assembleias de mil membros, discutiriam para cada assunto os princípios legislativos alternativos e suas modalidades de aplicação, escolheriam então uma alternativa e tornariam sua escolha conhecida por uma comissão nacional, que, depois de receber a escolha de todas as assembleias, redigiria a lei final. A tradução constitucional mais próxima dessa concepção está, naturalmente, encontrada na Constituição de 1793, que prevê a distribuição do povo em assembleias cantonais (artigo 2º), atribuindo a essas assembleias o poder de deliberar sobre as leis (artigo 10), de expressar sua vontade legislativa (artigos 11 a 20) e, se necessário, o poder da última palavra (artigos 59 e 60).

O fato é que, hoje, os modos de ação da democracia direta – referendo, mandato imperativo, destituição de representantes eleitos – são propostos como respostas à crise da democracia.

---

[32] Durante a convenção, Valéry Giscard d'Estaing, que a presidia e que também havia elaborado o projeto da Constituição Europeia, afirmou que o Tratado de Lisboa é, de fato, apenas uma "cópia pálida" na qual apenas a forma foi alterada, mas não o conteúdo: "Os juristas não propuseram inovações. Eles partiram do texto do Tratado Constitucional, dos quais eclodiram, um a um, referindo-os de volta, por meio de alterações aos dois Tratados de Roma (1957) e Maastricht (1992). Assim, o Tratado de Lisboa apresenta-se como um catálogo de alterações aos Tratados anteriores. Isso quanto à forma. Se chegarmos agora ao conteúdo, o resultado é que as propostas institucionais do Tratado Constitucional – as únicas que importavam para os membros da Convenção – são encontradas inteiramente no Tratado de Lisboa, mas em uma ordem diferente, e inseridas nos tratados anteriores" (*Le Monde*, 26 out. 2007).

[33] CONSIDÉRANT, Victor. *La Solution ou le gouvernement direct du peuple*. Paris: Librairie phalanstérienne, 1850.

[34] RITTINGHAUSEN, Moritz. *La législation directe par le peuple ou la véritable démocratie*. Paris: Librairie phalanstérienne, 1851.

Por mais sedutora e óbvia que seja, essa tese merece discussão e até refutação. A democracia direta não é o ideal da democracia nem é a resposta à crise da democracia representativa.

3.3 Reconhecendo a autonomia constitucional dos corpos de cidadãos: a separação/fusão

Em sua formulação mais banal, o ideal democrático requer o envolvimento cada vez maior das pessoas no poder – por meio da extensão do sufrágio universal, por exemplo – e é plenamente realizado mediante a fusão do povo no corpo político da representação nacional. Se as "democracias populares", com o partido único, têm levado ao extremo essa lógica de fusão, as "democracias burguesas" também aderiram a ela, mas com maior moderação. Os regimes parlamentares baseiam-se na identificação dos governados com os governantes, na confusão entre o povo e seus representantes, entre a vontade geral e a vontade parlamentar, tornando o Parlamento igual ao soberano, senão "o" soberano. Por mais democrático que se dê, esse tipo de funcionamento político é, na realidade, apenas a reprodução transposta do princípio monárquico segundo o qual o corpo da Nação e o corpo do rei são um só. Em um discurso ao Parlamento de Paris de 3 de março de 1766, Luís XV declara: "Os direitos e interesses da Nação, que se ousa fazer um corpo separado do monarca, estão necessariamente unidos com o meu e repousam apenas em minhas mãos; eu não sofreria a menos que se introduzisse um corpo imaginário que só poderia perturbar a harmonia".

Em 1789, os revolucionários, certamente, queriam e acreditavam separar esses dois corpos; eles até pensaram que o ato revolucionário estava, precisamente, nessa ousada afirmação da autonomia do corpo da Nação em relação ao corpo do rei. Na realidade, no entanto, os homens de 1789 reconstituíram a unidade dos corpos, dando apenas à Nação um novo corpo para se fundir: o corpo dos representantes. Essa continuidade constitucional é, sem dúvida, ditada menos por uma continuidade doutrinária do que pelas restrições da luta política pela legitimidade em 1789: para a unidade do corpo do rei, os revolucionários não poderiam, politicamente, se opor à diversidade social do povo; eles deveriam afirmar a unidade do corpo povo-nação ou correr o risco de enfraquecer a já incerta legitimidade de sua reivindicação de poder. Porém, ao fazê-lo, eles engajaram a revolução no caminho não da ruptura com o *Ancien Régime*, mas numa simples "modernização" do sistema político de representação-encarnação da Nação. Em outras palavras, o sistema político resultante da revolução é criado sobre a ideia da identidade dos dois corpos, de sua fusão em favor do corpo de representantes que absorve o dos representados. Porém, mandato representativo e fusão dos corpos não estão filosoficamente em dívida com o princípio da representação; são apenas os produtos das circunstâncias históricas, em que a luta política se desenvolveu em 1789, mesmo que, por força de ser repetida, essa concepção de representação-fusão tenha se imposto como a única possível, a única a expressar a verdade da representação. O princípio da representação pode, assim, ser pensado de forma diferente da fusão. Pode ser considerado como uma lacuna. Basta livrar a representação de discursos de justificativas que a cercam e voltar ao que é do ponto de vista prático, ou seja, um sistema de divisão de tarefas, para usar a fórmula de Bernard Lacroix.[35] A representação coloca em cena dois corpos, o dos representados e o dos representantes, cada um desfrutando de seu próprio espaço e prerrogativas. Aos representantes, cabe a tarefa de decidir sobre o desenvolvimento de um espaço e prerrogativas dedicadas; aos representados, cabe a tarefa de reivindicar, de controlar. Essa é essa divisão de tarefas que a representação coloca em ação desde as primeiras palavras da Declaração de 1789: "Os representantes do povo francês resolveram expor os direitos naturais do Homem para *que os atos do poder executivo e os do poder legislativo possam ser a qualquer momento comparados* com o propósito de qualquer instituição política, sendo assim mais respeitados; para que as *demandas dos cidadãos*, agora baseadas em princípios simples e incontestáveis, sempre se voltem para a manutenção da Constituição e da felicidade de todos".

A representação da democracia contínua é a representação-separação; já a do sistema representativo é a representação-fusão. A diferença é fundamental e, para entender seu escopo, é necessário voltar à definição de representação. Em outras palavras, as do direito, a representação define uma configuração de dois protagonistas, aquele que representa e aquele que está sendo representado, atribuindo a cada um uma tarefa, uma função própria. A tarefa do representante é invariável, de acordo com o tipo de representação: é querer e falar em

---

[35] LACROIX, Bernard. "Conclusion". *In*: D'ARCY, François (dir.). *La Représentation*. Paris: Economica, 1985. p. 180.

nome do grupo representado. Por outro lado, a tarefa dos representados varia radicalmente: na lógica da representação-fusão, é permanecer em silêncio; na lógica da representação-separação, é continuar a querer, falar e agir.

O princípio da representação estabelece claramente a lacuna entre o corpo dos cidadãos e o dos representantes, tanto que, de forma alguma, busca esconder, mascarar ou negar essa lacuna. A questão política, hoje, em 2022, é alcançar o que os revolucionários não foram capazes de realizar: dar vida ao direito dos cidadãos de demandar contra os representantes, construir o espaço e meios para que os cidadãos cumpram sua tarefa e, assim, manter a separação.

A questão política de hoje é, portanto, dar vida ao princípio esquecido de 1789, o do direito dos cidadãos de reivindicar contra os representantes. Espontaneamente, para um jurista, o "meio institucional de reivindicar", tomando as palavras de Condorcet, é o que ele propôs em 1793: o controle da constitucionalidade das leis. Em cada decisão de um tribunal constitucional, o mesmo cenário é montado: os atos votados pelo corpo de representantes – as leis – são julgados à luz dos direitos do corpo dos representados – a constituição. Isso implica não apenas o reconhecimento de dois espaços distintos carregando duas vontades normativas potencialmente contraditórias – a da lei e a da constituição –, mas também a irredutibilidade desses dois espaços, a impossibilidade de sua fusão. Antes ou sem a existência e o desenvolvimento de um controle de constitucionalidade, a atividade legislativa dos representantes é diretamente imputada à vontade do povo sem que este último possa reivindicar, uma vez que, por definição, não existe separada e independentemente, não pode ter vontade além da expressa pelos representantes. Com o controle da constitucionalidade, os representantes ainda têm o poder de expressar a vontade do povo, mas a fusão das duas vontades não é mais mecânica: pelo espaço dos direitos fundamentais que constrói e que desenha o espaço da representação autônoma do corpo dos cidadãos, o juiz constitucional está sempre em posição de mostrar – "tendo em vista a constituição" está escrito nos vistos de cada decisão – e, se necessário, sancionar a discrepância entre os requisitos constitucionais e suas traduções legislativas pelos representantes. Ao "mostrar" que os dois espaços podem não coincidir e que, em caso de conflito, o dos cidadãos prevalece sobre o dos representantes, o juiz constitucional proíbe os representantes de alegar que são soberanos e revela sua posição como meros delegados que sempre podem ser lembrados a respeitar os direitos dos cidadãos.

De certa forma, a jurisdição constitucional coloca representação na representação ou, mais precisamente, desconstrói o sistema de justificativas ao revelar a ilusão da identificação das pessoas com seus representantes. Mostra a distância que a representação constitui na prática e impede que essa distância seja negada; ela a mantém, torna-a visível e torna-a viva, comparando os atos de poder com os direitos dos cidadãos.

Ao contrário de uma apresentação ainda presa à ideia de representação-fusão, o controle da constitucionalidade não é a introdução de um elemento "liberal" ou "aristocrático" na democracia. É o elemento que cumpre o projeto de representação democrática ao instituir um sistema político baseado em duas estruturas: a instituição que permite aos representantes votar a lei – o parlamento – e a instituição que permite aos cidadãos reclamar contra a lei, sob o fundamento da constituição – a jurisdição constitucional. A qualidade democrática do sistema depende, então, da organização desses dois espaços institucionais e da sua articulação; a esse respeito, não é certo que, em sua atual organização, o Conselho Constitucional francês cumpra perfeitamente essa exigência democrática.[36]

Todavia, evidentemente, as formas jurisdicionais não podem eliminar o princípio da representação-separação. Há outros meios, como as petições, manifestações e desobediência civil, que dão vida à democracia contínua, entre dois momentos eleitorais. Longe de colocar em perigo a democracia, as reclamações são sua fonte viva e, para que essa energia social não recue, é preciso imaginar instituições, mecanismos, procedimentos para trazê-la continuamente para o âmbito da produção de normas e políticas públicas. Reclamar não produz, de fato, espontaneamente uma política pública ou uma norma. É necessário lugares para receber reclamações, analisá-las, avaliá-las – e lugares onde os reclamantes obviamente estarão presentes.

Esta é, em 2022, a verdadeira questão constitucional. As formas institucionais de democracia – presidencial, parlamentar, semipresencial – garantem aos representantes o monopólio da fabricação da vontade geral. A forma constitucional da democracia quebra esse

---

[36] Disso decorre a importância, na França, de uma profunda reforma do Conselho Constitucional. Ver a seguir o item 4.3.4.

monopólio e garante aos cidadãos o poder de intervir continuamente nessa fabricação. A questão política em jogo na próxima revisão é essa passagem de uma forma institucional e intermitente de democracia para uma forma constitucional e contínua de democracia. Passar de uma figura unidimensional do cidadão – a do eleitor – para uma figura plural, na qual o cidadão é, ao mesmo tempo, eleitor, peticionário, denunciante, candidato, associativo etc. E o milagre dessa passagem é que ela se realiza dando vida às promessas esquecidas de 1789: se a representação política é inevitável, dê aos membros do corpo social os direitos e liberdades que lhes permitam controlar os representantes e, se necessário, reivindicar contra eles.

De certa forma, um tribunal constitucional coloca representação em representação ou, mais precisamente, desconstrói o sistema de justificações ao revelar a ilusão da identificação do povo com seus representantes. Mostra a distância que a representação constitui na prática e impede que essa distância seja negada; ele a mantém, torna-a visível e torna-a viva, comparando os atos de poder com os direitos dos cidadãos.

3.4 O princípio deliberativo

Reconhecer a divisão irredutível entre o corpo de cidadãos e o corpo de representantes implica numa produção da vontade geral cujo princípio ativo é a deliberação. Uma vez que a vontade geral não está "situada" em uma única instituição, uma vez que a vontade dos representantes não é, por si só, a vontade geral, uma vez que a vontade geral é construída pelo confronto do texto votado pelos representantes com os requisitos constitucionais, a normatividade só poderá ser produto de um processo deliberativo, uma troca argumentativa entre os diferentes atores no regime de fabricação da lei. Quando o regime se baseia em um único ator ou quando o regime estabelece a identidade de vontade entre o corpo do povo e o corpo de representantes, não há necessidade de deliberação ou debate para construir a vontade geral: está no corpo da Nação e é suficiente, já que há identidade, que o rei ou os representantes se expressem por sua vontade de ter a qualidade da lei. Por outro lado, quando os corpos são separados e ninguém pode reivindicar deter sozinho a vontade geral, a deliberação é imposta como princípio constituinte do modo de produção da lei.

Esse princípio nos obriga a retornar a uma propriedade muitas vezes esquecida pela Constituição, que é a de ser um texto feito de palavras. Um jurista naturalmente tende a pensar que uma constituição é feita de normas, que é feita de um direito "duro" e que, consequentemente, não há necessidade de deliberar para saber o que a Constituição impõe ou proíbe: basta ler a Constituição e, se necessário, seu trabalho preparatório para descobrir a norma, o princípio, a regra que está depositada nela. Nesse regime, uma instituição fala, com autoridade, e o povo aplaude. Por outro lado, ao colocar a deliberação no princípio de seu funcionamento, o regime competitivo de enunciação da normatividade tomará conta do polimento das palavras de direito e abrirá uma política jurídica de argumentação para determinar, construir sua normatividade. Como a norma não está nas palavras do direito e por essas palavras serem polissêmicas, é necessário debater para decidir, entre todos os significados possíveis que essa ou aquela palavra pode carregar, qual, em dado momento, será escolhida para "fazer norma". Através desse funcionamento deliberativo, o regime concorrencial de produção da vontade geral tem duas características democráticas. A primeira é que a norma não pode ser transformada em um "fetiche" nem numa verdade intocável; produzida, após deliberação, a partir de uma escolha entre vários significados concorrentes, ela ainda está em discussão e pode mudar se novas deliberações "tornarem direito" significados que não haviam sido anteriormente escolhidos. É o que os juristas, pudicamente, chamam de reversão de jurisprudência! Nessa primeira característica, que faz do regime concorrencial um regime constantemente aberto à sociedade, há o necessário reconhecimento dos direitos fundamentais. Uma vez que a vontade geral não é entregue por uma autoridade que a possui em si, mas é construída por deliberação entre atores concorrentes, uma das condições necessárias para a formação da vontade geral é que as liberdades que permitem essa deliberação sejam garantidas: liberdade de expressão para defender os diferentes significados que um princípio constitucional pode receber, liberdade de ir e vir defender essas diferenças em todos os lugares, direitos de defesa a serem protegidos, liberdade de manifestação, associação, pluralismo etc. Sem esses direitos, alguns dos quais garantem a pessoa em suas atividades privadas e outros em suas atividades públicas, mas que condicionam e reforçam uns aos outros, o princípio da deliberação permaneceria uma letra-morta. A deliberação é um princípio ativo do regime concorrencial de enunciação da vontade geral apenas por meio do direito e, em particular, daqueles direitos fundamentais de valor constitucional que definem o código de realização da atividade deliberativa.

Resta, é claro, uma pergunta, que surge repetidamente, aquela do governo dos juízes: assim que os juízes constitucionais intervirem nesse regime concorrencial para dizer se o texto votado pelos parlamentares merece receber a qualidade da lei, com qual justificativa eles podem recusar essa qualidade a um texto votado pelos representantes eleitos do povo? Isso não seria transferir o poder normativo real dos eleitos para os juízes? Muitas vezes polêmica, essa crítica deve, no entanto, ser levada a sério, na medida em que coloca a reflexão diante de uma alternativa: ou o soberano é considerado capaz de produzir, direta e sem mediação, a vontade geral, ou o juiz deve criar, de maneira discricionária e sem constrangimento, o significado que se imporá como norma; ou a lei é o que o rei – ou o presidente, ou o Parlamento – diz que é, ou a lei é o que o juiz diz que é. É preciso sair dessa alternativa simplista. O discurso do soberano requer consistência e adquire eficácia apenas numa relação complexa entre esse discurso que é transcrito em palavras na constituição e todos aqueles que têm que fazer uso dela; e é nessa relação, e não no gesto unilateral, voluntário e solitário de uma das partes nessa relação, que o significado das declarações constitucionais é construído e que a palavra do soberano se torna ativa. E nesse complexo jogo de produção de sentido, a jurisdição constitucional é apenas um dos atores, aquele que obriga os outros a argumentarem sua leitura dessa ou daquela afirmação, a apoiar a reivindicação da validade de sua interpretação, que submete à crítica a relevância dos argumentos e que sanciona por sua decisão o significado do enunciado constitucional pelo qual, quando ela intervém, a troca permitiu se alcançar. Aparentemente, o significado pode ser visto como uma criação arbitrária do juiz, mas, no fundo, é um formidável trabalho hermenêutico realizado nas assembleias parlamentares, nas jurisdições nacionais e europeias, nas comissões e nas academias especializadas, na doutrina, nas associações políticas, sindicais ou "societais". A imprensa também preparou essas "criações constitucionais", que não são, uma vez que é necessário voltar a ela, a expressão de uma vontade de poder do juiz constitucional entregando sozinho a verdade da Constituição, absorvendo e submetendo todos os outros aos seus oráculos. O juiz é apenas um elemento da cadeia argumentativa que intervém, em dado momento, para sancionar por sua decisão o significado de uma declaração constitucional, sem, no entanto, parar por sua sanção nessa cadeia; continua vivendo porque o significado produzido abre, nas assembleias, nas jurisdições, na doutrina, novos debates, novas reflexões, que podem produzir, algum tempo depois, uma nova interpretação. O juiz constitucional não governa; é o órgão regulador do regime concorrencial de enunciação da vontade geral.

CAPÍTULO 4

FUNDAÇÃO DA INDEPENDÊNCIA DO JUDICIÁRIO (TESE 4)

4.1 Justiça: um poder da democracia

Segundo a representação clássica, a Justiça é um dos poderes do Estado, ao lado do Poder Legislativo e do Poder Executivo. Menos do que um poder, ela é uma simples autoridade de implementação que deve verificar se a lei aprovada pelas instituições do Estado é corretamente aplicada. É preciso "dar ao Estado uma magistratura digna do nome", dizia Michel Debré para justificar a criação da Escola Nacional da Magistratura.

O projeto da democracia contínua a reverter radicalmente essa representação afirma que *a Justiça não é um poder do Estado, mas um poder na articulação dos espaços sociais*. Ao princípio dessa reversão está a ideia de que a sociedade está dividida em três espaços: o espaço civil, que é aquele em que todos têm suas atividades profissionais, pessoais, sociais, amigáveis, românticas; o espaço público, que inclui sindicatos, partidos políticos, redes sociais, onde os problemas encontrados no espaço civil são compartilhados; e o espaço político, onde as instituições estatais projetam, preparam e aprovam leis. Nessa representação da sociedade, a Justiça não está localizada dentro de um desses três espaços, ela está na articulação do espaço civil, do espaço público e do espaço político. Para usar uma fórmula trivial, a Justiça é o joelho de uma sociedade: se uma pessoa não tem joelho, ela tem uma perna dura; se ela tem um joelho, ela tem uma perna flexível. Assim é para a sociedade: sem um poder que faça a ligação entre os três espaços, o Estado é estático, autoritário, rígido. Ao não estar localizada em um dos três espaços, mas em sua articulação, a Justiça participa de uma sociedade flexível, aberta e democrática.

Nesse lugar, a Justiça desempenha um papel de "movedor": move "algo" do estado pré-normativo para o estado normativo. O juiz é aquele que recebe toda a miséria do mundo – para usar a fórmula de Bourdieu – e, portanto, é ele quem é capaz de dizer se, em dado momento, "algo" que é sentido pelo espaço civil como uma necessidade, um pedido, um desejo, pode passar à qualidade de direito. Por estar na articulação dos espaços, é ele que filtra a passagem de um espaço para outro e carrega o futuro normativo de uma necessidade ou de uma demanda.

Os desenvolvimentos normativos dos últimos anos testemunham isso. Antes da Lei Veil, de 1975, houve o julgamento de Bobigny, 1970, no qual os juízes receberam a mensagem do espaço civil de que o aborto não poderia mais ser qualificado como crime e foi "passado" para o espaço político, que o apreendeu. Antes da Lei DAL, havia decisões de juízes que, diante de uma infinidade de despejos de pessoas que não podiam pagar o aluguel, qualificavam a moradia como direito fundamental para contrabalançar bens já qualificados como direito. Antes da lei que reconheceu a indenização por danos ecológicos, houve o Acórdão Erika, de 2012, que estabeleceu o seu princípio.

É porque o juiz não está no Estado, mas na articulação de poderes, que ele pode cumprir essa função democrática. Em seu livro, *A invenção do direito no Ocidente*, Aldo Schiavone mostra que em Roma o direito foi inventado e gradualmente separou a moralidade da religião, que foi inventado como um objeto autônomo em relação à religião, à política e à moralidade graças aos magistrados. Foi quando havia um corpo de juristas que pensavam nos problemas da sociedade em termos legais, e não mais em termos morais, religiosos ou políticos, que o direito nasceu, pela constituição de um corpo de magistrados como produtores de direito.

Consequência lógica: se a Justiça não está no Estado, mas na articulação de espaços, é necessário abolir o Ministério da Justiça, já que esse ministério está no Estado, e a Justiça não tem nada a fazer no Estado e tudo a fazer na articulação dos três espaços. Então, em vez disso, dever-se-ia criar uma autoridade constitucional, um conselho superior de justiça.

Nessa posição dentro da configuração política, o Judiciário é capaz de desempenhar duas funções que contribuem para a qualidade democrática de uma sociedade.

Primeiro, garante a medida no exercício do poder político. A lição política de Montesquieu continua relevante. Se a tendência natural de um poder é ir até o fim de sua lógica, ou seja, o absolutismo, é importante para a liberdade dos cidadãos que, pela disposição das coisas, cada poder seja limitado por outro poder, que cada poder tomou conta do outro para que o equilíbrio e controle da legislação seja medido. E os constitucionalistas traduziram essa lição fazendo do Parlamento o contrapeso do chefe do Executivo, seja na forma de uma separação flexível chamada parlamentar ou na forma de uma rígida separação chamada presidencial. Na primeira figura, a possibilidade de cada um dos dois poderes se destruir – pela dissolução para o Executivo, pela moção de censura ao Parlamento – pressiona por um compromisso e, portanto, pela medida; na segunda, a independência recíproca dos poderes abre um "parlamentarismo dos corredores" para evitar bloqueios e encontrar um acordo. Em 2008, os constituintes apresentaram a reavaliação do Parlamento – recuperou o controle de parte da pauta, reescrevendo projetos de lei, limitação do artigo 49-3 etc. – como meio para reequilibrar as instituições e, em particular, a hiperpresidência.

No entanto, esse esquema institucional de moderação está desatualizado, e há muito tempo, desde que Georges Vedel demonstrou, em relatório ao congresso da Associação Internacional de Ciência Política em Roma, em 1957, que, na prática, a estrutura e os mecanismos dos partidos "soldam de perto Legislativo e Executivo". Seja qual for a qualidade do texto constitucional, seja qual for a organização constitucional dos poderes escolhidos, a unidade de poderes é reconstituída ao Executivo pela graça da lógica majoritária, atribuindo ao campo vitorioso e ao seu líder o domínio do poder normativo. E esse fenômeno não é especificamente francês ou relacionado à Quinta República; é encontrado na Alemanha, bem como na Espanha, na Grã-Bretanha e na Áustria, mesmo esses países tendo constituições diferentes. Resumindo, em nenhum lugar o Parlamento é hoje um contrapeso ao poder presidencial ou primo-ministerial.

Ao lado do direito constitucional dos textos, surgiu um direito constitucional da prática que "funciona" com base em três leis simples: (i) o poder de determinar a política do país e, portanto, fazer com que as leis sejam dadas a quem ganhou as eleições; (ii) o poder de sancionar a equipe governante não está mais investido no Parlamento, mas no povo, por meio das eleições gerais, que ocorrem a cada quatro ou cinco anos; (iii) entre os dois momentos eleitorais, como escreveu Vedel, o "caráter democrático do sistema é assegurado pelo controle judicial, pela garantia das liberdades públicas e pelo estatuto da oposição".[37] A partir dessas leis que desenham um direito constitucional europeu, decorre que o Poder Judiciário é, hoje, aquele que, entre dois momentos eleitorais, pode impedir o poder de decidir ir até o fim de seu próprio poder, impondo a ele o respeito pelo direito.

Ele garante em seguida a medida na elaboração das normas. Ao contrário de uma ideia muitas vezes repetida, a lei não chega acabada perante os juízes; não é uma norma que o juiz só teria que aplicar à situação particular pendente diante dele; trata-se de um texto inacabado, uma norma potencial que aguarda para se tornar ato que o juiz atribui às palavras da lei o significado que lhes dará sua força normativa. A teoria de um simples juiz autômato repetindo a lei foi definitivamente invalidada pela controvérsia entre a Corte de Cassação e o Conselho Constitucional sobre o entendimento da expressão "disposição legislativa que pode ser objeto de uma QPC". No entendimento da Corte de Cassação, se o requerente contestou não a disposição legislativa, mas sua interpretação pelos juízes, a questão era inadmissível e não deveria ser encaminhada ao Conselho; por outro lado, na visão do Conselho, um litigante tem o direito de contestar a constitucionalidade de uma interpretação jurisprudencial da lei na medida em que é essa interpretação que lhe dá seu "escopo efetivo". A diferença entre o texto, a norma e o papel que os juízes desempenham na transição de um para o outro foi, portanto, plenamente reconhecida.[38]

Na elaboração das regras da cidade, o juiz primeiro introduz ou reativa o princípio da deliberação. Ele estava no início de regimes representativos, mas gradualmente se esgotou sob o jugo da disciplina majoritária, da autoridade presidencial ou da primo-ministerial e das evoluções tecnológicas: as regras não são mais deliberadas no Parlamento, elas só são votadas, como diz o artigo 34 da Constituição. A deliberação ocorre em outros lugares, na famosa "Grenelle", nos

---

[37] VEDEL, Georges. Le régime présidentiel ? La moutarde après dîner. *Le Monde*, 31 out. 1997.
[38] Sobre o tema, ver minha análise crítica da Decisão 2010-39 QPC de 6.10.2010, publicada em ROUSSEAU, Dominique. *Justiça constitucional francesa*. Belo Horizonte: Editora Fórum, 2021. p. 180-184.

Estados-Gerais de todos os tipos, nas redes sociais, mas também na sala de audiência onde decidem, depois de ouvir todos os argumentos livremente defendidos durante debates contraditórios muitas vezes animados, sobre o "escopo efetivo" das disposições constitucionais, legislativas, regulamentares ou contratuais. Solicitados por litigantes em ocasião de casos concretos, os juízes estão, por essa modalidade de acesso, próximos aos "problemas" encontrados pelas pessoas em seu cotidiano – demissão, aborto, expulsão, cuidados de fim de vida etc. –, e essa proximidade coloca os juízes em posição de ver a evolução da sociedade, a evolução da moral, a evolução das expectativas da sociedade e mudar a interpretação das regras nesse caso. Em 2010, o Conselho declarou inconstitucional o regime de custódia policial que havia declarado em conformidade constitucional em 1993, alegando que, em 17 anos, o número de custódias policiais aumentou consideravelmente, mudando assim a visão da sociedade sobre essa prática judicial; em 2009, o Conselho levou em conta expressamente a evolução dos padrões de consumo para declarar a extensão da possibilidade de abertura de lojas aos domingos estar em conformidade com a Constituição. Duas características distinguem, assim, o modo concorrencial da modalidade parlamentar de enunciação de regras: enquanto, na segunda, a regra é elaborada de forma abstrata e geral, na primeira ela é construída em contato direto com determinadas situações humanas e sociais; enquanto, na segunda, a regra está no corpo da Nação e flui naturalmente dela, na primeira ela é construída por uma troca argumentativa entre *vários* atores. Essa pluralidade de atores torna a expressão "República de Juízes" inadequada. A deliberação baseada no princípio da fabricação de normas é uma garantia melhor de sua medida do que aclamação ou revelação.

A moderação também é esperada a partir da longa temporalidade que os juízes possuem para a confecção de regras. O juiz constitucional, em particular, ao recordar os princípios estabelecidos nas Declarações de Direitos – a presunção de inocência, o princípio da não retroatividade das leis penais, os direitos da defesa, a liberdade de expressão etc. –, requer uma reflexão sobre o significado, valor e escopo que a adoção de determinada regra ou a escolha de uma interpretação particular pode representar para o bem comum; cria uma distância em relação ao imediatismo, à velocidade e à emoção. E não é contrário à ideia democrática de que o longo tempo de reflexão prevaleça ou equilibre o curto tempo de emoção, pois a vontade geral não ocorre espontaneamente ou no descuido do momento; é feita com moderação, com cautela, e o juiz é aquela instância que permite que o tempo curto, leve e às vezes vertiginoso de uma iniciativa legislativa enfrente o longo tempo dos princípios que a Constituição estabelece. O legislador elabora a regra na velocidade dos eventos; os juízes retomam a escrevê-los no ritmo mais lento de reflexão e em contato com casos particulares.

4.2 De onde a Justiça retira sua legitimidade?

Se efetivamente a Justiça não está no Estado, mas na articulação dos três espaços, se efetivamente a Justiça é um poder de democracia porque é um poder de equilíbrio e de moderação na elaboração da norma, surge a questão da legitimidade desse poder, pois, se ainda é possível admitir intelectualmente as duas primeiras proposições sobre o lugar e a natureza do Judiciário, ambas tropeçam na mesma questão: esse poder não é legítimo porque não é eleito, esse poder não é democrático porque não vem do sufrágio universal. Esse é precisamente o problema político de hoje, na França e em outros lugares: se o princípio democrático é definido pela soberania do povo e se, por razões de tempo, educação, filosofia ou geografia, o povo não pode escapar de sua representação, a única necessidade democrática real é que eles designem, por seu voto, aqueles que agirão em seu nome. E assim, o ideal democrático é atingido em seu âmago quando leis aprovadas por representantes eleitos do povo podem ser derrotadas por uma instituição desprovida daquilo que dá ao poder sua legitimidade, isto é, o sufrágio universal. A participação dos juízes na fabricação de leis é, nesse registro de inteligibilidade da democracia, uma anomalia. E alguns, na França e em outros lugares, tomando nota desse poder dos juízes, consideram que, para dar-lhe toda a sua legitimidade, seria aconselhável abandonar o procedimento de nomeação e considerar o da eleição dos juízes.

O horizonte político aberto pelo projeto de democracia contínua baseia-se em outro tipo de legitimidade: o das condições para o exercício do poder. Até hoje, a legitimidade de uma instituição ou uma decisão estava enraizada na origem do poder. Uma decisão foi e ainda é considerada legítima, seja porque "vem" de Deus (legitimidade do direito divino), ou da natureza (legitimidade natural), ou do povo (legitimidade eleitoral). No contexto atual, essa última forma de legitimidade está enfraquecida; o sufrágio universal não parece mais ser um critério suficiente para a qualidade democrática de uma decisão e de um poder. Emerge outro tipo de legitimidade, com dificuldade, que destaca não a origem do poder, mas as condições sob as quais esse poder é exercido; um tipo de legitimidade "procedimental", para se referir a Habermas.

Assim, a legitimidade democrática do Judiciário baseia-se nas condições para o exercício desse poder, em um "ato judicial" que se desmembra em quatro regras cujo objetivo é buscar a qualidade deliberativa da decisão judicial.

A primeira é, certamente, a obrigação de motivar os julgamentos. Uma vez que o acórdão não é uma aplicação silogística da lei, mas o resultado de uma escolha entre vários significados possíveis das declarações da lei, o juiz deve definir o processo argumentativo que o levou a adotar uma interpretação, e não outra. Todo magistrado constrói a classificação jurídica dos fatos com base em certo número de elementos que ele deve apresentar e argumentar. Nessa lógica, seria apropriado que a França finalmente reconhecesse a prática de opiniões separadas porque elas "funcionam" como meios processuais que obrigam os juízes a dar mais e melhores razões para suas decisões: quando a maioria dos juízes sabe que seus colegas minoritários podem explicar, após o julgamento e publicamente, sua discordância com a solução escolhida ou com o raciocínio, eles são levados a ser mais atentos à qualidade jurídica de seus argumentos; e, por outro lado, juízes "dissidentes" devem dar razões sérias para sua opinião a fim de esperar desenvolver a jurisprudência em casos próximos.

A segunda regra é, por certo, o princípio do contraditório. Uma decisão judicial é construída por uma troca de argumentos entre as partes e cada uma delas deve ter o direito de expô-los e defendê-los com igualdade de armas. Nesse sentido, o advogado é mais do que um "auxiliar de Justiça", de acordo com uma fórmula condescendente; nem é inimigo do magistrado, aquele que quer levar o juiz a cometer uma "falha" interpretando o artigo do Código de tal forma, e não de outra; o advogado é quem participa da construção da decisão judicial através da discussão atenta dos argumentos. E esse princípio contraditório vive do reconhecimento e respeito dos direitos de defesa.

A terceira regra é a da publicidade dos debates judiciais. Uma vez e desde que a autonomia da esfera de produção do julgamento seja constitucionalmente garantida, a esfera da Justiça pode e, acima de tudo, deve se abrir e se comunicar com as demais esferas.

Finalmente, a última regra, a colegialidade. Qualquer decisão judicial é – ou deveria ser – "deliberada", de acordo com a fórmula clássica, ou seja, que seu conteúdo seja discutido, que o julgamento seja resultado de um confronto entre os magistrados; essa colegialidade funciona, como costumam dizer os juízes, como mecanismo de formação permanente, como um processo de controle recíproco, que garante a qualidade do julgamento. E, para isso, precisamos de magistrados e escrivães em número suficiente.

Essas quatro regras, constitutivas da ética do agir jurisdicional, exigem que seja reconhecida, garantida e respeitada a autonomia da esfera de produção do julgamento judicial. A independência do Judiciário e daqueles que o tornam vivo, ou seja, os magistrados, não é, ao contrário da afirmação populista, um princípio corporativo feito para proteger os magistrados. É uma garantia para litigantes, uma garantia de ser julgado por pessoas imunes a pressões políticas, sindicais, econômicas, religiosas etc., pois é esperado de um tribunal que ele faça um julgamento... judicial, não um julgamento moral, político ou econômico. E, portanto, é decisivo para a qualidade do julgamento que a esfera da produção judicial seja protegida das possíveis influências das esferas política, sindical e religiosa. Todas as pessoas "julgam"; seu vizinho, um filme, um romance, uma pintura, uma roupa, mas julgar no direito é uma profissão e, como tal, a Escola Nacional da Magistratura é uma instituição que participa da formação da independência dos magistrados.

Essa autonomia da esfera de produção da decisão judicial não pretende constituir uma irresponsabilidade dos magistrados. Eles devem informar ao público sobre sua atividade jurisprudencial nas reuniões de retorno do Judiciário, devendo ser um pouco menos solene e um pouco mais democrática. Eles são, obviamente, civil e criminalmente responsáveis. A verdadeira questão é a de responsabilidade disciplinar, que teria sua fonte no conteúdo da decisão judicial. Nenhum país democrático, nenhum sistema judicial torna o *conteúdo* da decisão judicial um ato que pode constituir má conduta disciplinar. Isso não significa que o conteúdo da decisão judicial seja inatacável. Ele, de fato, o é, mas apenas de acordo com os meios de recurso compatíveis com o princípio da independência da função de julgar, ou seja, os recursos judiciais do processo ordinário e, se for o caso, das instâncias extraordinárias. Isso também não significa que um juiz não pode ser processado por processos disciplinares por atos relacionados ao exercício de suas funções judiciais. Em sua decisão de 8 de fevereiro de 1991, o Conselho Superior da Magistratura definiu claramente o regime de responsabilidade disciplinar dos juízes: "Considerando que, em virtude do princípio fundamental que garante a independência dos juízes, suas decisões judiciais poderão ser criticadas, nos fundamentos e no mecanismo que contêm, apenas pelo exercício dos meios de recurso previstos em lei; que o tribunal disciplinar não pode, portanto, conhecer delas; considerando, no entanto, que tal princípio encontra seu limite quando se decorre da própria autoridade de trânsito em julgado que um juiz que, de forma grosseira e sistemática, excedeu sua jurisdição ou desrespeitou o arcabouço de seu encaminhamento, de modo que tenha realizado, apesar das aparências, tão somente um ato não relacionado a qualquer atividade judicial". Nada a acrescentar!

4.3 A organização da Justiça

4.3.1 Pondo fim ao dualismo jurisdicional: abolir o Conselho de Estado

No espírito da democracia contínua, uma refundação constitucional da Justiça não faria sentido se a atual estrutura do cenário judiciário, organizada em torno da ordem judicial, fosse mantida encabeçada pela Corte de Cassação e, pela ordem administrativa, encabeçada pelo Conselho de Estado. A existência de um juiz específico para a Administração não é a consequência lógica e necessária do princípio da separação de poderes, isso é o que o estudo comparativo dos sistemas judiciais confirma; é apenas, diz o Conselho Constitucional, a consequência da *"concepção francesa* da separação de poderes" formada pela decisão dos homens de 1789 de proibir juízes, que haviam bloqueado todas as reformas políticas iniciadas pelo poder real, de interferir no Poder Executivo e conhecer dos atos da Administração.[39] O Conselho de Estado foi recriado após a revolução porque Bonaparte não queria que a Corte de Cassação julgasse atos da Administração. O contencioso administrativo deveria ser de responsabilidade da Administração ou de uma instituição especial, o Conselho de Estado, colocado sob a autoridade do Executivo e convidado a se preocupar com o respeito às prerrogativas da Administração. Esta história ainda está lá: aqueles que lidam com litígios administrativos não são juízes treinados pela Escola

---

[39] CC80-119 DC, 22 de julho de 1980, R. p. 46.

Nacional da Magistratura, mas pela Escola Nacional de Administração. Isso fez com que Michel Debré dissesse: "O judiciário administrativo não existe; há apenas funcionários administrativos que ocupam as funções de juízes".

O dualismo jurisdicional, portanto, não tem fundamentos teóricos. É o produto de circunstâncias históricas e políticas que desapareceram hoje e que, portanto, privam a jurisdição administrativa de sua justificativa. Herdeiro do Conselho do Rei, ele aconselha o governo da República como já aconselhou o Rei e seus ministros. Ao receber obrigatoriamente todos os projetos de lei, ele emite, antes de sua passagem perante o Conselho de Ministros, um parecer sobre a sua qualidade de redação, sobre sua justa conexão com a ordem jurídica, sobre sua coerência com os tratados internacionais e com a legislação europeia, sobre sua conformidade com a Constituição e até mesmo sobre sua conveniência política. A pedido do governo, o Conselho de Estado também emite pareceres sobre o que deve ser feito para responder a esse ou àquele problema – por exemplo, o parecer solicitado pelo primeiro-ministro Lionel Jospin sobre o véu na escola – ou sobre questões de interesse geral – por exemplo, em 2016, sobre o "direito de alerta". Também se publica um relatório anual sobre um tema escolhido por ele: a *soft law*, em 2013; os direitos fundamentais e o digital, em 2014.

Por meio dessas funções, o Conselho de Estado é a instituição central do Estado: tudo passa por ele e tudo é realizado por seus membros presentes em todas as instituições públicas e até privadas da sociedade. Ele ajudou na administração da República da mesma maneira que o Conselho do Rei ajudou o soberano a administrar o reino e, mais tarde, a Napoleão a administrar o império. É por isso que é composto por altos funcionários treinados por uma escola especial, a ENA, que, como o próprio nome sugere, ensina aos seus alunos métodos, técnicas, estratégias e linguagem pelos quais um ministério, uma empresa, um banco, uma seguradora são administrados, em suma, como se administra um país. O Conselho de Estado é, além disso, uma instituição muito especial – inclusive do ponto de vista do direito comparado –, uma vez que é, ao mesmo tempo, juiz da Administração e conselheiro do governo; ele deve, de acordo com a Constituição, pronunciar-se obrigatoriamente em todos os projetos de lei antes de sua apresentação ao Conselho de Ministros e sua discussão no Parlamento, mas ele prepara a redação de decretos, alguns dos quais devem "ser adotados pelo Conselho de Estado"; e é no Conselho de Estado, em suas formações em contencioso, que esses mesmos decretos serão julgados. O Tribunal Europeu de Direitos Humanos, baseando-se nos princípios de imparcialidade e independência de qualquer tribunal, regularmente expressa dúvidas sobre a relevância dessa coexistência de funções consultivas e uma função contenciosa dentro da mesma instituição. Em resposta, o Conselho de Estado se reorganiza regularmente para manter o aparecimento de uma aproximação entre as duas funções. E, ainda sim, por conta de sua concorrência com o tribunal judicial e/ou querendo demonstrar sua capacidade de também garantir liberdades e direitos humanos, o Conselho de Estado desenvolveu uma jurisprudência que não permite mais que ela seja vista totalmente como reserva à Administração de um tratamento privilegiado.

Portanto, se a Administração se torna um litigante ordinário, nada legitima a existência em benefício de um juiz especial; os juízes "ordinários" podem fazer bem isso. Nesse caso, é necessário transferir o contencioso administrativo para a jurisdição judicial e criar, dentro da Corte de Cassação, junto às câmaras cíveis, comerciais, sociais e criminais, uma câmara administrativa. E, como o Ministério da Justiça se tornaria o Ministério da Legalidade encarregado de examinar a condição jurídica dos projetos de lei, a função consultiva do Conselho de Estado se tornaria inútil e, consequentemente, o próprio Conselho de Estado. Sem invocar os conflitos de interesse decorrentes da presença transfronteiriça e alternada de conselheiros de Estado em cargos presidenciais e ministeriais, em bancos, companhias de seguros, escritórios de advocacia empresarial, diretores de canais de televisão e até mesmo da Science-Po e sua casa-mãe do Palais-Royal, o Conselho de Estado perdeu seu *status* como um lugar onde é fabricado e servido o interesse geral. Isso já foi. A construção jacobina do Estado deve muito, senão tudo, a essa instituição criada em 1799 por Napoleão Bonaparte, que reviveu o Conselho do Rei da Monarquia. O Conselho de Estado correspondia perfeitamente ao momento político do Estado; ele não corresponde mais ao da democracia contínua, que é o momento político da sociedade. Apesar dos esforços para se adaptar a esse momento, ele continua a desenvolver o pensamento estatal e a falar com palavras de Estado, enquanto a França precisa de um pensamento da sociedade com palavras da sociedade. Elas se encontram em uma "elite", que não será mais monoformatada pela Escola Nacional de Administração, mas treinada dentro das principais universidades e pela experiência de associações, organizações e empresas da sociedade.

4.3.2 Criação de um procurador-geral da República

Dando continuidade a essa refundação da Justiça, também é necessário retirar do Ministério a condução da política criminal definida pelo Parlamento e confiar-lhe a um procurador-geral da República, indicado por maioria de 3/5 pelo Parlamento e responsável por conduzir a política criminal, dirigir a polícia judiciária, fiscalizar a imparcialidade das investigações e dos inquéritos, bem como prestar contas às assembleias parlamentares.

4.3.3 Criação de um Conselho Superior de Justiça

Para que a Justiça cumpra essa função, ela deve estar a distância dos conflitos: daí a importância do tempo e do espaço próprios do ato de julgar. Deve ouvir a sociedade: daí a importância do contraditório para dar forma jurídica às regras sociais. Deve estar livre de paixões: daí a importância da imparcialidade e da ética profissional. Essas condições implicam que a Justiça não faz parte do governo porque, por meio da competição eleitoral que a produz, um governo é naturalmente parcial, logicamente ouvindo "sua" maioria e expressando escolhas partidárias que necessariamente ofendem essa ou aquela parte da sociedade e estão na origem de conflitos sobre os quais, precisamente, a Justiça pode ser conscientizada. E os cidadãos não podem acreditar na imparcialidade de uma Justiça que participa e é dependente de um governo partidário e, portanto, parcial. As propriedades dos dois órgãos – Justiça e governo – são incompatíveis e, por consequência, devem ser separadas para que a liberdade política dos cidadãos seja garantida. Diante disso, é necessário abolir o Ministério da Justiça e transformá-lo em um Ministério da Legalidade responsável por verificar a elaboração e a qualidade jurídica dos projetos submetidos à discussão parlamentar e, em particular, à sua compatibilidade com a Constituição, a legislação europeia e os tratados internacionais.

Após deixar o governo, a Justiça seria confiada a uma autoridade constitucional independente, ao Conselho Superior de Justiça, e não ao Conselho da Magistratura. Essa mudança de nome significa que essa autoridade não deve ser propriedade dos magistrados, mas da instituição do Judiciário responsável por garantir sua independência não só dos poderes Executivo e Legislativo, mas também do Judiciário e, de forma mais ampla, de todos os poderes que tentam influenciar o curso da justiça. Esse Conselho estará na encruzilhada de todos os poderes para mantê-los longe da Justiça. Composto por juízes eleitos por seus pares e, em sua maioria, de personalidades qualificadas nomeadas pelo Parlamento por uma maioria qualificada de 3/5, elegerá seu presidente entre os membros não judiciais. Esse Conselho teria quatro tarefas principais. Primeiro, a nomeação de todos os magistrados para cargos de julgamento e de acusação. Enquanto hoje essa competência cabe ao Ministério da Justiça, o Conselho Superior da Magistratura tem apenas um poder de opinião, conforme para a cadeira de juiz, simples para a de procurador. Em segundo lugar, a elaboração do orçamento da Justiça, sua discussão com o Parlamento, sua distribuição e o controle da gestão e uso do orçamento pelos tribunais. Mais uma vez, a definição da política de treinamento para juízes. Finalmente, o exercício do poder disciplinar sobre todos os juízes. E, a cada ano, o Conselho Superior da Justiça teria que apresentar um relatório de progresso ao Parlamento e à sociedade sob a forma de fóruns públicos interativos.[40]

4.3.4 Reformulação da Justiça Constitucional

Certamente, o Conselho Constitucional não é mais o que era antes da introdução da Questão Prioritária de Constitucionalidade (QPC). Ele já havia mudado muito após a revisão de 1974, notadamente sob a influência de Georges Vedel e dos presidentes Daniel Mayer e Robert Badinter. Na ausência de um regimento, um sistema informal de tratamento das demandas gradualmente deu lugar a processos contraditórios e audiências de especialistas e parlamentares, e a publicação no Diário Oficial, a partir de 1983, do texto das ações e, a partir de 1994, das observações em defesa da lei apresentada pela Secretaria-Geral do Governo não apresentou mais uma visão face a face entre o Conselho e os requerentes, mas, como em qualquer julgamento, entre duas "partes", os requerentes e o governo, e o Conselho como um terceiro responsável por governar à luz da troca de argumentos.

Por consequência, o Conselho Constitucional não é o que deveria ser desde a introdução da QPC. Sem dúvida, sob a liderança do presidente Jean-Louis Debré, o Conselho continuou sua mudança jurisdicional: adoção de uma regulamentação processual que defenda os princípios de um julgamento justo e equitativo e de um tribunal

---

[40] O Conselho Superior de Justiça teria um poder de proposição para os presidentes dos tribunais de primeira instância, dos tribunais de apelação e dos magistrados da Corte de Cassação, incluindo o presidente.

imparcial, criação de uma sala de audiências e de uma sala para advogados, audiência pública e retransmissão de sessões de vídeo, diálogo entre as partes, alegações de advogados e de representantes do governo, questionamentos dos membros do Conselho aos advogados etc. Porém, ainda há uma lacuna entre a função, que é contenciosa, e o órgão, que ainda não tem todas as qualidades de um tribunal constitucional. E essa discrepância prejudica a legitimidade e a autoridade do Conselho, tanto nas suas relações com as outras autoridades públicas francesas como com os demais tribunais constitucionais.[41]

Talvez seja verdade, como o presidente Badinter gosta de salientar, que não há uma maneira perfeita de nomear juízes constitucionais. No entanto, a questão está longe de ser anedótica, porque a escolha deste ou daquele método de nomeação tem efeito direto na representação do Conselho por si só, pelos demais poderes e pelos demais tribunais constitucionais. A esse respeito, o método atual de nomeação dos membros do Conselho é uma desvantagem para o próprio Conselho, cujos membros, até a década de 1980 – a publicação das deliberações atesta isso –, não se "veem" como juízes e, portanto, não se comportam como juízes. Enquanto o envolvimento do Conselho no jogo institucional e normativo era fraco, a questão do método de nomeação de seus membros não era mais importante do que a sua função. Ela começou a tomar um olhar mais sério após a revisão de 1974, quando a abertura das ações para deputados e senadores colocou o Conselho em contato direto com o Parlamento e multiplicou o número de leis sujeitas ao seu controle. Sem mencionar que há muito tempo foi um dos obstáculos à admissão do Conselho à Conferência dos Tribunais Constitucionais Europeus, criada em 1972 pelos tribunais constitucionais da Alemanha, Áustria e Itália e que se juntou apenas em 1987 ao Congresso de Lisboa, no qual um trio jurídico de choque, composto por Georges Vedel, presidente Badinter e secretário-geral Bruno Genevois, tinha sido capaz de fazer as pessoas esquecerem o método "particular" de designação dos membros do Conselho.

A introdução da QPC, em 2008, retira o Conselho do esquecimento, pois o constituinte reformador percebeu o "problema" de abrir o acesso ao Conselho a todo e qualquer litigante que pretendesse questionar a constitucionalidade de uma disposição legislativa, o que poderia

---

[41] Ver ROUSSEAU, Dominique; GAHDOUN, Pierre-Yves; BONNET, Julien. *Droit du contentieux constitutionnel*. 12. ed. Paris: LGDJ, 2020. p. 387 e ss.

ser considerado algo grave sem alteração do método de nomeação dos membros deste Conselho. Percebeu isso apenas porque considerou que seria suficiente a apreciação das comissões parlamentares competentes das pessoas designadas pelo presidente da República, pelo presidente do Senado e pelo presidente da Assembleia Nacional e a possibilidade de se opor à sua nomeação "quando a soma dos votos negativos de cada comissão representa pelo menos três quintos dos votos nas duas comissões". No entanto, isso não é suficiente.

Propor um método de nomeação proporcional à função agora desempenhada pelo Conselho requer estudar exemplos estrangeiros, não para imitar o "melhor", mas para tentar identificar, a partir desses exemplos, os elementos que possibilitam a escolha do "bom", ou seja, aquele que corresponde tanto ao ambiente institucional em que o Conselho intervém quanto ao(s) modo(s) de revisão constitucional pelo(s) qual(is) é responsável.[42] Uma vez que parece certo – mas isso poderia ser discutido – que a nomeação de juízes constitucionais não pode ser feita por meio de um concurso organizado, por exemplo, pela Escola Nacional da Magistratura e aberto às carreiras jurídicas a partir dos 50 anos de idade e 20 anos de experiência, ela necessariamente se enquadra no âmbito de uma nomeação por autoridades políticas cuja escolha pode ser mais ou menos restrita. No caso francês, tendo em conta a introdução de um controle *a posteriori*, o novo método de nomeação de juízes constitucionais deve satisfazer três requisitos. O primeiro é a intervenção de assembleias parlamentares no processo de nomeação. Uma vez que o controle diz respeito ao seu trabalho e os parlamentares podem ser candidatos perante o Conselho, pode ser útil para promover a confiança entre as duas instituições que, como Kelsen havia proposto, os representantes eleitos devam estar associados ou participar da nomeação de seus membros. O segundo requisito é contraditório ao primeiro desde, precisamente, a introdução da QPC. O mecanismo do filtro, princípio de um controle, pelo Conselho, da interpretação constante das disposições legislativas pela Corte de Cassação e pelo Conselho de Estado, faz do novo controle de constitucionalidade um momento de processo ordinário e cria uma relação de "trabalho" entre o Conselho Constitucional, a Corte de Cassação e o Conselho de Estado.

---

[42] Veja, por exemplo, ROUSSEAU, Dominique; BLACHÈR, Philippe. *La justice constitutionnelle en Europe*. 4. ed. Paris: Montchrestien, 2020. p. 45 e ss.; TUSSEAU, Guillaume. *Litige constitutionnel comparatif*. Paris: LGDJ, 2021. p. 454.

Para que se estabeleça uma relação de confiança entre os três tribunais, a pura origem política das nomeações ao Conselho deve desaparecer e ser compensada pela obrigação de escolher juristas experientes que dialogam de igual para igual com os juristas dos outros dois Tribunais. Não se exclui que a relutância e a resistência da Corte de Cassação contra a QPC foram pautadas pela dificuldade de admitir que suas interpretações, produzidas por magistrados profissionais após um debate contraditório, fossem controladas pelos "políticos" com assento no Conselho. O terceiro requisito segue e reforça o segundo. Uma vez que a QPC abriu as portas do Conselho a "qualquer litigante" e introduziu o contraditório, a audiência pública e o direito de petição dos advogados, é necessário estabelecer uma relação de confiança entre esses novos atores no julgamento constitucional e no Conselho e, consequentemente, fazer que a origem política das nomeações ao Conselho seja suprimida aqui também para revelar um tribunal imparcial digno de respeito. Na combinação desses três elementos, a QPC força a dar primazia aos dois últimos e traduz em uma nova modalidade de nomeação, na qual, para cumprir o primeiro requisito, os juízes constitucionais seriam eleitos pelas assembleias parlamentares, mas, para conceder as outras duas, essas assembleias teriam a obrigação de escolhê-los entre os profissionais jurídicos com experiência contínua de pelo menos 15 anos e elegê-los por uma maioria qualificada de três quintos dos votos. Para essa condição, o Conselho poderia aderir ao discurso que mantém sobre si mesmo: estabelecer sua qualidade de jurisdição.[43]

Essa qualidade também depende de um estatuto dos juízes constitucionais capaz de garantir a imparcialidade objetiva e subjetiva do Conselho. Em geral, a Normativa (*ordonnance*) de 7 de novembro de 1958 e o Decreto de 13 de novembro de 1959, alterados várias vezes para levar em conta essa preocupação com a imparcialidade, expressam o mínimo exigido. Sujeitos às seguintes reservas, nove, em 1958, para tomar 10 decisões por ano, os juízes constitucionais ainda são nove em 2021 para tomar 10 decisões por mês. Não seria irrazoável alterar a Constituição para aumentar o número de conselheiros para 15, finalmente abolir a categoria de "membro de direito" e, apesar das preocupações de Vedel, fazer o presidente ser eleito pelo Conselho. Por uma

---

[43] Deve-se acrescentar – e isso não é sem importância – que esse procedimento, semelhante ao de muitos tribunais constitucionais, fortaleceria a autoridade e a legitimidade do Conselho, que agora é "frágil", nos organismos europeus e internacionais de Justiça Constitucional.

espécie de reflexo retórico, é imediatamente contra o exemplo italiano de 1987, no qual o juiz Ferrari, derrotado na eleição para a Presidência da Corte, havia realizado uma coletiva de imprensa para denunciar publicamente e em termos ultrajantes as condições sob as quais seu concorrente, o juiz Saja, havia sido eleito. Mas, pelo mesmo reflexo, vem à mente o exemplo francês no qual a nomeação como presidente do Conselho de um amigo político do presidente da República desgastou sua aparência de imparcialidade e, por extensão, a do Conselho. Sem ignorar o "risco italiano", a independência do Conselho será mais bem assegurada pela eleição do presidente por seus pares do que pela nomeação por uma mão fora do Conselho. Para reduzir a questão do poder que a Presidência do Conselho poderia representar, ela deve ser destituída de duas competências: a de nomeação do relator, que seria sorteado no momento de cada renovação, e a do voto de desempate, que seria dado ao juiz-relator.

A presidencialização do Conselho, uma infeliz tendência francesa, ainda poderia ser limitada por uma profunda mudança em sua "governança". Hoje, os nove juízes têm à sua disposição um serviço jurídico composto por cinco pessoas[44] e um serviço de documentação associado ao trabalho de pesquisa jurídica composto por uma dúzia de encarregados de projetos sob a direção de um secretário-geral.[45] Uma TPE[46] para a grande tarefa de garantir o respeito pelos direitos e liberdades garantidos pela Constituição! Aqui, também, a capacidade judicial do Conselho exige que seus membros tenham os meios apropriados para garantir o controle intelectual de suas decisões. Para isso, duas reformas seriam desejáveis: a contratação por exame competitivo dos membros do Serviço Jurídico e do Serviço de Documentação, que, nesta ocasião, seriam reunidos; e o recrutamento por e para cada juiz de dois secretários de direito e de um secretário administrativo. Sempre que se propõe tal reorganização da assistência jurídica para a produção de decisões, os riscos de fragmentação da jurisprudência constitucional e de uma gradual entrega de poder aos titulares do referendo são imediatamente levantados, riscos que o sistema atual evitaria ao centralizar

---

[44] O serviço jurídico é composto por um magistrado da ordem judicial, um magistrado da ordem administrativa, um administrador da Assembleia Nacional, um administrador do Senado e um gerente de projeto em direito comparativo.

[45] O Conselho também possui um serviço de comunicação, um serviço de relações externas, um serviço administrativo e financeiro e um departamento de TI.

[46] NT: as *três petite entreprise* (TPE) podem ser comparadas às microempresas brasileiras.

a elaboração de decisões nas mãos do Serviço Jurídico sob a direção do secretário-geral, riscos reais diante das experiências estrangeiras, mas exagerados para manter em vigor um mecanismo favorável à "presidencialização jurisdicional", porque dar a um juiz constitucional uma "equipe" permitindo que ele prepare a decisão não leva mecanicamente a uma fragmentação da jurisprudência. Bastaria, por exemplo, a instituição de sessões de pré-deliberação em que o juiz-relator submeteria à discussão de seus colegas o estado de suas reflexões e a solução prevista, abrindo caminho para uma elaboração compartilhada e colegiada da decisão durante a sessão de deliberação. Isso deve conduzir a um aumento de seis meses do prazo para a emissão de decisões com, evidentemente, a possibilidade de derrogações no caso de decisão liminar ao TJUE ou um pedido de parecer à CEDH.

Essa refundação jurisdicional do Conselho, que deveria ser renomeado de "Tribunal Constitucional", como proposto – sem sucesso – pelo presidente Badinter quando a QPC foi introduzida, em 2008, implica que ele não está sujeito a possíveis pressões financeiras e, portanto, tem autonomia orçamentária formalizada para a responsabilidade de apresentar o orçamento diretamente ao Parlamento, que deve entrar nas dotações previstas no orçamento geral.

***

A Justiça sempre foi uma "marcadora" da democracia. As sociedades emergiram da barbárie quando abandonaram o linchamento por justiça; as sociedades entraram na era democrática quando estabeleceram as regras do julgamento justo e de um tribunal neutro e imparcial; sociedades deixam o mundo democrático quando reduzem a independência do Judiciário.

FUNDAR UMA REPÚBLICA PARLAMENTAR (TESE 5)

5.1 Retirando a ambiguidade constitucional da Quinta República

Quando o General De Gaulle apresentou a Constituição de 1958 à França, declarou, com certa grandiloquência, que havia dotado o país com "as instituições que lhe faltam desde 1789". Cinquenta anos depois, no entanto, a profecia gaulliana parece não ter sido cumprida, em especial quando o então presidente Nicolas Sarkozy confiou a um comitê a tarefa de fazer "propostas sobre a modernização e o reequilíbrio das instituições da Quinta República". A revisão constitucional de julho de 2008, que resultou dela, não parece ter atingido o "bom" equilíbrio, uma vez que François Hollande, o presidente da República seguinte, por sua vez nomeou uma comissão responsável por refletir "sobre a ética e a renovação da vida pública". Excesso de Parlamento, excesso de Executivo, durante dois séculos a França tem procurado uma organização equilibrada dos poderes do Estado: uma onipotência das assembleias revolucionárias e de seu comitê, cujo famoso comitê de segurança pública sucedeu ao Império Napoleônico (1789-1814); a introdução tímida e caótica de um regime parlamentar monárquico e censitário sucedeu a um segundo Império, autoritário e plebiscitário em seu início, parlamentar no final (1814-1870); e as repúblicas parlamentares racionalizadas, que logo foram sucedidas pelos regimes de assembleia (1875-1958). Em 1958, a ambição daqueles que, em 18 de junho, queriam dar à França "as instituições que lhe faltam" é entendida por essa incapacidade política de estabilizar, desde 1789, a organização constitucional dos poderes do Estado. Reivindicando uma legitimidade que lhe viria da história e "da força das coisas",[47] De Gaulle pensou ter encarnado os princípios contraditórios que fizeram a França ao longo dos séculos e que, tomando conta de todos eles em vez de, como seus antecessores, excluir alguns, foram capazes de propor ao país um Estado legítimo.

Além da ênfase gaulliana que a cerca, além das circunstâncias conturbadas em que ela adveio, a Constituição de 1958 poderia, de fato, ter respondido a essa ambição. Ao ler o texto e o belo comentário dado por Michel Debré em seu discurso ao Conselho de Estado, em 27 de agosto de 1958, a pretensão parece ter sido alcançada. Diante de um primeiro-ministro que lidera o governo, determina e conduz a política da Nação, uma Assembleia Nacional que vota a lei e tem o poder de derrubar um governo que não teria mais sua confiança, um Conselho Constitucional responsável por verificar a conformidade das leis com a Constituição e a fim de evitar os excessos parlamentares das repúblicas anteriores, a Assembleia Constituinte deu ao primeiro-ministro os instrumentos que lhe permitem conduzir sua política – isto é, domínio da agenda parlamentar, direção do procedimento legislativo, votação bloqueada etc. – e garantir sua estabilidade por meio do famoso artigo 49.3. No texto, portanto, um sistema parlamentar racionalizado ou primo-ministerial. Sem dúvida, a Constituição prevê um presidente da República com um Judiciário fortalecido em relação à tradição parlamentar. Em caso de circunstâncias excepcionais e interrupção do funcionamento regular do poder público, o artigo 16 lhe dá o direito de concentrar todos os poderes em suas mãos. Em tempos normais, tem o poder de nomear o primeiro-ministro, dissolver a Assembleia Nacional e encaminhar o assunto ao Conselho Constitucional. No entanto, como Michel Debré analisa em seu famoso discurso, "esses poderes não são nada além de poderes para solicitar outro poder": ele solicita ao Parlamento a designação de um primeiro-ministro, ele solicita por sufrágio universal ao pronunciar a dissolução, ele solicita ao Conselho Constitucional a análise de uma lei. Importantes, mas de uso pouco frequente em comparação com aqueles, cotidianos, do primeiro-ministro, esses poderes respondem à função arbitral que o

---

[47] Discurso televisionado proferido no Palácio do Eliseu pelo General De Gaulle, em 20 de setembro de 1962.

artigo 5º da Constituição reconhece a um chefe de Estado eleito por um colégio de eleitores. No papel, a maldição política é levantada, o equilíbrio perfeito é alcançado: um presidente da República árbitro, um capitão de primeiro-ministro, um Parlamento legislador e um Conselho Constitucional guardião da Constituição.

Tudo isso no papel... Todavia, uma bela constituição não é suficiente para fazer um belo regime político! A política tem suas próprias leis, as quais o direito, apesar de sua reivindicação, nunca consegue controlar. As circunstâncias políticas, o contexto histórico, o estado de espírito do país e a psicologia dos indivíduos no poder influenciam no modo como a Constituição poderá dar forma ao governo do Estado. Assim, a sucessão e a conjunção de eventos excepcionais de 1958 a 1962 contribuíram poderosamente para a formação de uma primazia presidencial em contradição com a função arbitral definida pelo texto. Em quatro anos, a guerra argelina provocou, direta ou indiretamente, quatro referendos: o de 28 de setembro de 1958, pelo qual o General pediu ao povo que aprovasse a nova constituição; o de 8 de janeiro de 1961, pelo qual pediu ao povo que validasse sua nova política argelina favorável à autodeterminação; o de 8 de abril de 1962, pelo qual De Gaulle pediu ao povo que ratificasse os Acordos de Evian, que encerram a Guerra da Argélia; o de 28 de outubro de 1962, quando ele pediu ao povo que aprovasse a revisão constitucional relativa à eleição popular do chefe de Estado. E, cada vez mais, o presidente obteve resultados favoráveis: 79% do "sim" em 1958; 75%, em 1961; 90%, em abril de 1962; e 62%, em outubro de 1962. Esse uso repetido e bem-sucedido do referendo produziu três efeitos políticos favoráveis à afirmação da primazia presidencial: uma nacionalização de escolhas políticas que revelem outras consultas – municipais e até legislativas – determinadas por questões "apenas" locais; uma personalização vinculada à dimensão plebiscitária expressamente dada aos referendos por De Gaulle;[48] e uma marginalização de outras instituições, governo e Parlamento, em favor do diálogo direto entre o presidente e o povo. A lógica desses efeitos presidenciais é reforçada pelo ritmo dos referendos: quatro em quatro anos, três dos quais no espaço de vinte meses. Em um curto período de tempo e em várias ocasiões, o povo é, portanto, levado a aprovar as soluções propostas pelo presidente da República e a confirmar

---

[48] A cada referendo, o General dirigia-se ao país para dizer "que na verdade o assunto é entre cada um de vocês, cada um de vocês e eu".

cada vez mais sua confiança na pessoa do General De Gaulle. Que essas circunstâncias políticas, que essas repetidas demonstrações de apoio popular têm servido para estabelecer e legitimar a primazia presidencial não foi surpreendente, especialmente porque os parlamentares estavam pouco preocupados em se envolver na gestão política da delicada questão argelina, reservada em relação às posições do primeiro-ministro Michel Debré, e, finalmente, não descontentes em deixar o presidente da República sozinho na linha de frente! Enquanto o "problema argelino" dominou os primeiros quatro anos da Quinta República, todos esses elementos se somaram para criar uma situação desfavorável à afirmação da forma parlamentar do Estado.

Sem dúvida, quando a guerra argelina acabou, um retorno a uma vida política normal mais respeitosa das disposições constitucionais era perfeitamente concebível. Os parlamentares imaginavam tão bem que esperavam que o General se retirasse para Colombey e, diante de sua recusa, uma crise política começou no outono de 1962, da qual o presidente saiu vitorioso: decisão presidencial de revisar a Constituição diretamente por referendo; derrubada do governo Pompidou pelos deputados, em 5 de outubro de 1962; dissolução da Assembleia Nacional, em 9 de outubro; vitória do voto "sim" no referendo de 28 de outubro; vitória do partido gaullista nas eleições gerais de 18 e 25 de novembro de 1962. Tudo é jogado fora em três meses. Numa época em que os efeitos presidenciais da guerra argelina corriam o risco de desaparecer com os acordos de paz, o fenômeno majoritário tomou conta para garantir a continuidade de uma primazia presidencial talvez menos carismática, porém mais enraizada na materialidade das relações das forças políticas.

Em uma história alternativa agora famosa, Georges Vedel imaginou o que teria acontecido se o "não" tivesse vencido o referendo de 28 de outubro de 1962: a saída do General, claro, então a eleição de seu sucessor de acordo com os termos de 1958, uma vez que a revisão teria falhado. Quem os 80.000 grandes eleitores elegeriam? Antoine Pinay, que, "pelo seu passado, sua cultura política, as condições de sua eleição entenderiam sua missão como a de um chefe de Estado parlamentar", deixaria o governo – com o apoio do Parlamento – determinar e conduzir a política da Nação. Assim, a prática política do General teria sido apenas um parêntese justificado pelas circunstâncias excepcionais da guerra argelina e fechado imediatamente após a retirada de De Gaulle.

O interesse desse exercício intelectual é deixar claro que a derrota dos votos "não" é a derrota da leitura parlamentar da Constituição de 1958 e ainda mais do princípio da interpretação parlamentar dos dispositivos constitucionais nascidos da "Constituição Grevy". Nesse sentido, a eleição de 28 de outubro de 1962 é um 16 de maio de 1877 ao contrário. Dois anos após a entrada em vigor das leis constitucionais da Terceira República, o marechal Mac-Mahon tentou afirmar seu poder presidencial pronunciando a dissolução da Câmara dos Deputados, que desafiava suas escolhas políticas. Chamados dessa forma para decidir entre duas práticas, presidenciais ou parlamentares, das instituições, os eleitores repudiaram o presidente ao eleger uma maioria parlamentar hostil às suas teses. Mac-Mahon primeiro aceitou o resultado, mas depois renunciou, e foi substituído, em 31 de janeiro de 1879, por Jules Grévy, cujo primeiro discurso tinha a intenção de afirmar que o presidente da República nunca entraria em conflito com a vontade das câmaras. Essa vitória dos parlamentares resultou em uma convenção implícita, segundo a qual todos aceitaram que todas as disposições constitucionais, incluindo aquelas relativas aos poderes do presidente, deveriam ser interpretadas de forma sempre favorável à soberania parlamentar.

Por ter estado em jogo no referendo de 28 de outubro de 1962 e por ter sido repudiada pelo eleitorado, a "Convenção Grevy" foi, naquele momento, questionada. A relação de forças mudou: ao contrário de 1877, o povo, em 1962, deu maioria ao presidente e aprovou sua prática de instituições, incluindo a de usar o artigo 11 para rever a Constituição.

Mas – e isso é obviamente importante – a Constituição de 1958 ainda está aqui e a Quinta República se baseia em duas constituições incompatíveis, conforme escreveu Vedel: a de 1958 e a de 1962.

A Constituição de 1958 estabeleceu claramente um sistema parlamentar. O governo liderado pelo primeiro-ministro tem a responsabilidade de "determinar e conduzir a política do país"; ele está familiarizado com a agenda parlamentar e o processo legislativo; ele é responsável pela Assembleia Nacional e deve renunciar se não conseguir a confiança dos deputados ao apresentar seu programa ou se for derrubado por uma moção de censura. O presidente da República, eleito por um colégio de grandes eleitores, é um árbitro que garante o bom funcionamento das instituições em uma república parlamentar, portanto.

A Constituição de 1962 estabeleceu as bases para um sistema presidencial. A eleição popular do chefe de Estado, aprovada pelo referendo de outubro de 1962, mudou o centro de gravidade do poder do palácio de Matignon para o Élysée. Agora eleito por toda a nação, de acordo com a expressão do General De Gaulle, o presidente da República pode mobilizar esse recurso de legitimidade eleitoral para impor suas escolhas políticas às outras instituições e ao primeiro-ministro que ele nomeia e que, portanto, recebe dele sua legitimidade democrática e dos deputados, que só são eleitos cada um em sua "pequena" circunscrição. Se De Gaulle, porque era ele, continuou a governar depois de 1962 como ele governou antes, os outros atores políticos rapidamente adotaram as novas regras do jogo e calibraram sua estratégia de poder sobre a conquista do Élysée. Aqui é onde Mitterrand se constrói abandonando Mendès-France e suas críticas ao golpe de Estado permanente. Mas – e isso é obviamente mais do que importante – a Constituição de 1958 ainda está aqui.

Para ter duas constituições em uma, a Quinta República fez um argumento de qualidade, lisonjeando-se a não responder a nenhum modelo, ao desafiar as classificações acadêmicas dos constitucionalistas, ao amalgamar elementos parlamentares e presidenciais. Pompidou se gabou novamente em 1974 quando disse que "nosso sistema político, precisamente porque ele é um bastardo, é talvez mais flexível do que um sistema lógico". Elogio insustentável. Isso porque o sistema da Quinta República não é nem "flexível", nem conveniente. Ele é equivocado e, hoje, perigoso.

O equívoco está na diarquia no topo do Estado. O que quer que De Gaulle tivesse dito em 1964, ela sempre existiu. Uma diarquia doce ou conflituosa, apaziguada ou violenta, igual ou desigual, mas uma diarquia na qual presidente e primeiro-ministro estão sempre em concorrência, em que ambos constantemente buscam redefinir para seu benefício o campo de suas competências: Pompidou/De Gaulle em 1968; Pompidou/Chaban em 1972; Giscard/Chirac em 1976; Mitterrand/Chirac em 1986; Mitterrand/Rocard em 1991; Sarkozy/Fillon em 2010; e diz-se que Hollande teria nomeado Valls para fritá-lo e que Valls jogaria a derrota de Hollande em 2017 para vencer em 2022! A diarquia não se deve à cor política dos atores – direita ou esquerda – nem à situação política – à coabitação ou concordância das maiorias presidencial e parlamentar. Ela é estrutural, decorre da incompatibilidade entre um presidente "modelo presidencial" e um primeiro-ministro "modelo parlamentar"; mais precisamente, por incompatibilidade entre um presidente que governa eleito pelo povo e um primeiro-ministro que é responsável por sua política diante dos deputados eleitos pelo povo.

O perigo está na situação de autismo político que a Constituição produz hoje. Os primeiros sintomas apareceram sob o primeiro mandato de sete anos de Mitterrand. Quando, em 1983, dois anos após sua eleição, ele tomou a decisão de seguir uma política econômica diferente pela qual foi eleito – o famoso ponto de virada da austeridade –, ele não procurou que o povo validasse essa mudança. E acima de tudo, quando, nas eleições legislativas de 1986, sua política foi sancionada pelo povo, quando os eleitores enviam para a Assembleia Nacional uma maioria política de direita, ele permaneceu. Ele não se demitiu. E ao fazê-lo, desconectaram-se, pela primeira vez sob a Quinta República, poder de decisão e responsabilidade política. Isso porque a política sancionada não é a do governo nem a dos parlamentares; é a do presidente da República. E todos são varridos nessa decomposição do sistema político. Quando Jacques Chirac, eleito pela primeira vez em maio de 1995 com base em um posicionamento "social", mudou radicalmente de rumo cinco meses depois, em outubro de 1995, ele não consultou o povo, mas provocou, em dezembro de 1995, um referendo "das ruas", em que milhões de pessoas em greve condenaram sua política. Desde o início de seu mandato, a autoridade, o crédito da função presidencial, foi alcançada; e a desconfiança, instalada. Ela se exprimiu claramente em junho de 1997. Porém, o próprio Lionel Jospin, que havia feito da reabilitação da virtude democrática sua marca política, aceitou, assim que foi nomeado primeiro-ministro, em junho de 1997, o Tratado de Amsterdã, que ele criticou durante a campanha eleitoral, assinando ao mesmo tempo uma reorientação de sua política econômica e social que deveria pesar fortemente em sua derrota em 2002. Até 2005, após a vitória do voto "não" no referendo que ratificava o tratado que estabeleceria uma constituição para a Europa, Chirac, que havia se comprometido e ativamente feito campanha pelo "sim", permaneceu no poder e continuou a governar, como se os eleitores não tivessem dito nada ou como se não tivesse ouvido nada ou como se não quisesse responder ao que tinha ouvido. E Nicolas Sarkozy teve votado seu clone pelo Parlamento em 2008.

De Gaulle, pelo menos, se ele decidiu sozinho e impôs silêncio aos seus ministros e parlamentares, sempre assumiu a responsabilidade política por suas escolhas, sempre respondeu por suas decisões perante o povo. Quando, chamado ao poder para manter a Argélia francesa, decidiu iniciar o processo de independência argelina, submeteu essa mudança de orientação política à aprovação do povo ao passar os acordos de paz por um referendo, sempre engajando sua responsabilidade política. Quando um forte conflito surgiu entre os poderes públicos – 1962 – ou entre o poder e a sociedade – em 1968 –, De Gaulle dissolveu a Assembleia Nacional para que o povo pudesse decidir. Quando, em 1969, decidiu reorganizar as instituições da França, submeteu sua decisão ao julgamento dos eleitores, perdeu o referendo, assumiu o resultado e renunciou imediatamente. Que as considerações políticas desempenharam um papel em cada um desses apelos ao povo para que uma decisão presidencial fosse validada, não há dúvidas; que as disposições constitucionais foram abusadas, é claro também; que o governo e o Parlamento foram enfraquecidos por essas práticas, sem dúvidas. Mas, se ele se apropriou de um poder de decisão que a Constituição certamente não lhe concedeu, De Gaulle não pôs em jogo o dispositivo da Constituição que declara o presidente da República irresponsável; ele não transferiu para outros, o primeiro-ministro, por exemplo, a responsabilidade política pelas decisões que tomou. Ele não tomou o poder sem responsabilidade. Contra o texto da Constituição, talvez, ele assumiu todo o poder de decidir e a responsabilidade que necessariamente o acompanha.

Desde 1962, lidamos com esse equívoco. Primeiro, com coabitações, que são apenas arranjos políticos em atenção à eleição presidencial, que deve servir para colocar as coisas em ordem no Palácio do Élysée. Em seguida, com a introdução do mandato de cinco anos em 2000 e a organização das eleições legislativas na esteira da eleição presidencial, que não impediram nem as divergências no topo do Estado – Chirac/Sarkozy entre 2002 e 2007, Sarkozy/Fillon entre 2007 e 2012 – ou a fraqueza do Executivo de duas cabeças – Hollande/Valls.

É preciso pôr fim a esses ajustes, concordar que 1958 e 1962 não podem funcionar juntos e remover o equívoco constitucional. Sem dúvida, a prudência exige a revisão de uma constituição apenas se necessário. É o caso de hoje, um momento em que a sociedade não se reconhece mais em suas instituições, o poder é exercido sem controle, e a constituição, que deve ser a garantia da liberdade política de um povo, de acordo com a fórmula de Benjamin Constant, tornou-se a garantia da liberdade política de agir dos governantes.

5.2 Presidencial ou parlamentar?

Na tipologia clássica dos sistemas políticos, admite-se distinguir três categorias da democracia: democracia presidencial, democracia parlamentar e democracia semipresencial. A primeira dá a um presidente da República eleito pelo sufrágio universal o poder de determinar a política do país e, a uma assembleia eleita, o monopólio do Poder Legislativo sem a possibilidade de o presidente dissolver a assembleia e sem o direito da assembleia de derrubar o governo presidencial; a segunda dá ao primeiro-ministro, apoiado pela confiança dos deputados e responsável por eles, o poder de determinar a política do país e dissolver a assembleia em caso de discordância; a terceira divide o poder entre um presidente eleito pelo povo e um primeiro-ministro responsável pela Assembleia Nacional, de modo que o equilíbrio entre os dois chefes do Executivo dependerá de as maiorias presidencial e parlamentar estarem ou não em concordância.

Alguns propõem que a França mude para um regime presidencial. Para que esse sistema funcione, é necessário três condições: uma cultura de compromisso, uma organização estatal federal e uma suprema corte independente. A França não cumpre nenhuma dessas condições. E mesmo nos Estados Unidos, funciona "aos solavancos", como disse o General De Gaulle. Por dois séculos, as relações da Casa Branca e do Capitólio estiveram no centro do debate constitucional estadunidense. Na véspera do centenário da Constituição da Filadélfia, Woodrow Wilson, professor de direito e futuro presidente dos Estados Unidos, concluiu sua análise do regime americano ao afirmar que seu país era governado por comitês parlamentares do Congresso. Na véspera de seu bicentenário, Richard Neustadt e Arthur Schlesinger argumentaram que o centro do poder havia mudado para a Casa Branca sob o triplo efeito de guerras, crises econômicas e desenvolvimento da mídia de massa. A realidade política é, sem dúvidas, mais complexa: qualquer presidente, não importa quão forte seja, deve lidar com o Congresso; qualquer Congresso, não importa quão poderoso seja, deve lidar com o presidente – e isso no curso do mesmo mandato presidencial.

Essa competição em curso entre o presidente e o Congresso tem duas causas principais. A Constituição, em primeiro lugar, que, nas palavras de Wilson, "não é um sistema finito, mas um embrião de organização". Enquanto cada instituição é atribuída a uma área de competência, cada uma também tem o direito de intervir no campo das outras.

O presidente tem, por exemplo, o direito de veto, que lhe permite se opor às leis aprovadas pelo Congresso; em troca, o Senado tem o poder de recusar a nomeação de um embaixador ou juiz da Suprema Corte designado pelo presidente. No todo, esse dispositivo traça um padrão horizontal, no qual a monopolização do poder por uma instituição é impossível e qualquer decisão só pode ser produto de negociações e compromissos, porque não é o resultado de uma única vontade, mas de múltiplas vontades constitucionalmente colocadas em concorrência. O jogo eleitoral estadunidense, então, é que alimenta, por suas especificidades, a concorrência. Cada instituição tem, de fato, seu próprio eleitorado: todo o país para o presidente, os estados para senadores e as circunscrições eleitorais para representantes. No entanto, como os interesses desses três eleitores não necessariamente coincidem, cada instituição defende aqueles que representa e, portanto, contribui para o desenvolvimento de estratégias potencialmente concorrentes entre si. O ritmo do jogo eleitoral reforça ainda mais essa tendência, uma vez que a renovação total da Câmara e a renovação parcial do Senado a cada dois anos submetem os parlamentares a uma lógica "eleitoralista" permanente, o que implica comportamentos de luta, críticas ou até mesmo de oposição ao presidente.

Constitucionalmente organizada e politicamente mantida, a concorrência entre as duas instituições, no entanto, não ocorre sob condições de perfeita igualdade. O presidente tem os recursos para dar a essa competição sua marca, seu ritmo e seu significado geral. Por exemplo, o relatório sobre o estado da União, que ele pessoalmente tem que apresentar ao Congresso todos os anos, permite que ele defenda seu programa legislativo perante os parlamentares e, especialmente, diante da opinião pública, como um primeiro-ministro faria em um sistema parlamentar. Nesse jogo de poder, o presidente tem a vantagem de quem age, e o Congresso, a desvantagem de quem reage. Todavia, a distância entre as duas instituições não aumenta por muito tempo, já que a implementação do programa legislativo presidencial depende da vontade do Congresso, que, no âmbito do sistema presidencialista, sozinho, tem o poder de introduzir projetos de lei.

A negociação e o compromisso fazem parte da lógica do sistema político estadunidense, que, apesar de sua qualificação como "presidencial", não é o regime de um presidente todo-poderoso. Embora garanta o primeiro lugar no campo da responsabilidade, seu poder efetivo está em grande parte subordinado à cooperação do Congresso. O sistema presidencial dos EUA é um "parlamentarismo de corredor".

A França experimentou o sistema presidencial com a Constituição de 1848, que separou um presidente eleito pelo povo e uma assembleia também eleita pelo povo; o conflito entre o presidente – Louis Napoleon Bonaparte – e a assembleia monarquista terminou com o golpe de Estado de 2 de dezembro de 1851! O sistema presidencial é como cubos de gelo no uísque!

No entanto, não há necessidade de abolir a eleição do presidente da República por sufrágio universal. A ideia está de volta à moda com o espetáculo, de fato grotesco, da campanha presidencial de 2021. Porém, assumir a história alternativa cara a Georges Vedel pode nos fazer pensar: o que teria acontecido se Lionel Jospin não tivesse concorrido em 2002? Não é impossível pensar nisso. Ele poderia ter argumentado que, como primeiro-ministro por cinco anos, de 1997 a 2002, foi capaz de governar a França com uma maioria parlamentar estável, composta por socialistas, comunistas e ecologistas, e leais; ele também poderia ter mostrado que tinha realizado o seu programa; sem dúvida, o presidente Chirac às vezes "procurou", mas, no geral, ele conseguiu que as 35 horas fossem votadas, o PACS, a cobertura mútua universal e até mesmo o mandato de cinco anos que Chirac não queria. Resumindo, Jospin teria anunciado que não concorreria às eleições presidenciais, mas lideraria a campanha das eleições gerais para pedir aos franceses que o renovassem como primeiro-ministro, confirmando a maioria parlamentar. Possíveis resultados, ainda que prováveis: Chevènement e Taubira poderiam ter feito mais alguns votos, Le Pen e Chirac teriam se encontrado no segundo turno e Chirac teria vencido em maio de 2002, e Jospin, tendo em vista seu histórico, sua ação e sua personalidade, teria vencido as eleições gerais de junho de 2002 e continuado a governar a França por mais cinco anos. E a Quinta República finalmente teria retornado à "sua" constituição, substituindo o presidente como árbitro e o primeiro-ministro como capitão.

Esse exercício de ficção presidencial não é apenas um jogo. Mostra que outras histórias são possíveis, que as práticas são tanto sobre instituições quanto sobre os homens. Para "matar" a primazia presidencial, não há necessidade de suprimir a eleição popular do chefe de Estado. Seria suficiente para que ele não tivesse mais importância política, porque os líderes políticos a abandonariam em favor das eleições gerais.

Imagine, por um momento, Le Pen e Macron os únicos candidatos no primeiro turno em 2022: qual interesse?! Imagine...

Esse cenário tornou-se realidade em Portugal em janeiro de 2021, quando o primeiro-ministro socialista, à frente de uma maioria de esquerda, decidiu não concorrer contra o ex-presidente de centro-direita que o havia deixado governar. Este último foi, portanto, reeleito no primeiro turno, e o primeiro-ministro continuou a governar. Portanto, não há necessidade de suprimir a eleição popular do presidente da República para abolir o hiperpresidente, como ensinado pelo direito comparado: em Portugal, Finlândia, Irlanda, Romênia, Polônia e Áustria, a eleição presidencial não produziu primazia presidencial – o presidente é eleito pelo povo, mas é o primeiro-ministro que governa.

E na própria França, De Gaulle não se tornou por acaso um hiperpresidente. Muito rapidamente, seu novo primeiro-ministro, Georges Pompidou, se impôs. Já em 1964, durante um grande debate na Assembleia Nacional, foi ele quem ditou – e não só quem carregou – a palavra política da direita contra o deputado François Mitterrand, que, na tribuna e em um pequeno livro incendiário, tinha acabado de acusar o poder de cometer um golpe de Estado permanente.[49] Todavia, acima de tudo, após a eleição presidencial de 1965, que abalou a imagem heroica do General De Gaulle, Pompidou governou, definiu a estratégia política para as eleições legislativas de 1967, decidiu sobre as investiduras, dirigiu e liderou pessoalmente a campanha eleitoral e, após uma eleição ganha por pouco, afirmou-se como o verdadeiro chefe de governo e da maioria parlamentar. Esse ascendente do primeiro-ministro manifestou-se plenamente durante a crise de maio de 1968, quando foi ele quem tomou todas as decisões, dirigiu as chamadas negociações de *Grenelle* com as organizações sindicais, forçou o presidente da República a abandonar seu projeto de referendo que ele havia anunciado publicamente, convenceu-o a recorrer à dissolução e liderou a campanha que deu ao partido gaullista-pompidoulizado uma maioria absoluta na Assembleia. O resto é conhecido. Na tentativa de reafirmar a primazia presidencial, De Gaulle demitiu Pompidou, nomeou seu fiel Maurice Couve de Murville para Matignon e, no referendo de 27 de abril de 1969, pediu aos franceses que lhe dessem sua confiança pessoal. Tentativa contrariada pelo próprio Pompidou, que, de Roma, anunciou, em 17 de janeiro de 1969, que seria candidato na eleição presidencial

---

[49] MITTERRAND, François. *Le Coup d'Etat permanent*. Paris: Plon, 1964.

"se o General se retirasse". O referendo foi perdido em 27 de abril, o General renunciou em 28 de abril, e Pompidou foi eleito presidente da República em 15 de junho de 1969.

O quinquênio de Georges Pompidou foi marcado por uma primazia presidencial contínua e absoluta. Sem dúvida, em sua primeira conferência de imprensa em 10 de julho de 1969, o novo presidente queria fazer de sua eleição o sinal da derrota definitiva da presidência arbitral: "Eu acredito que a escolha feita pelo povo francês demonstra sua adesão à concepção que o General De Gaulle tinha do papel do presidente da República: ao mesmo tempo chefe supremo do Executivo, guardião e garantidor da Constituição, ele é, nessa dupla capacidade, responsável por dar os impulsos fundamentais, definir os rumos essenciais e controlar o bom funcionamento do poder público. Tal concepção inclui a primazia do Chefe de Estado que vem de seu mandato nacional e que é seu dever manter". Porém, de 1969 a 1972, essa primazia foi diretamente contestada pelo papel político "original" reivindicado e assumido pelo primeiro-ministro, Jacques Chaban-Delmas. Nomeado pelo chefe de Estado, ele teve, no entanto, atributos próprios que lhe dão independência de pensamento e ação: presidente da Assembleia Nacional por dez anos, de 1959 a 1969, forjou vínculos pessoais úteis com todos os parlamentares; gaullista "de primeira hora" – 1940 – ele também veio da família radical, foi várias vezes ministro sob a Quarta República e mostrou uma mente aberta sobre questões da sociedade; prefeito de Bordeaux, ele tinha uma base eleitoral que lhe assegurou o título de "duque da Aquitânia"; primeiro-ministro de um presidente eleito pela direita, cercou-se em Matignon com conselheiros das esquerdas moderada, cristã e sindical, o mais conhecido dos quais era então Jacques Delors, que se tornaria ministro de Mitterrand. Chaban não era Couve de Murville. Sua existência política não dependeu apenas do presidente da República; ele construiu uma independência eleitoral, intelectual e de ação, tendo baseado nela o exercício de um papel político original, que rapidamente o colocou em uma situação de perigosa concorrência com Pompidou. Essa autonomia em relação ao presidente da República foi clara e imediatamente manifestada na declaração de política geral que ele pronunciou aos deputados, em 16 de setembro de 1969, e que parecia para todos um verdadeiro discurso-programa presidencial. Expôs, sem ter informado previamente o chefe de Estado, como manda a tradição, sua crítica à sociedade francesa, bloqueada pela burocracia e pelo autoritarismo, e seu desejo de construir uma "nova sociedade" baseada na liberdade, em uma política social contratual, no diálogo com as forças vivas, na descentralização, na modernização industrial e na formação profissional. Ao afirmar sua lealdade ao presidente, Jacques Chaban-Delmas, com base em *seu* programa, empreendeu reformas: liberalização da exploração televisiva, pagamento mensal de salários, novo regime de acordos coletivos, negociação de contratos de progresso com grandes empresas, lei sobre educação permanente etc. Muito rapidamente, esse ativismo social do primeiro-ministro preocupou a maioria parlamentar conservadora resultante das "eleições do medo" de junho de 1968; as críticas se multiplicaram contra um primeiro-ministro que preferiu negociar com os sindicatos em vez de ouvir seus deputados, que preferiu favorecer o eleitorado de esquerda em vez o da maioria. Em 1971, os parlamentares gaullistas apelaram repetidamente ao presidente da República para intervir, para assumir a direção dos assuntos do país, em suma, para governar no lugar de seu primeiro-ministro – o que ele fez. Porém, ao restaurar a primazia presidencial na determinação e condução da política do país, provocou uma deterioração gradual das relações entre os dois chefes do Executivo, o que terminou com a demissão, em 5 de julho de 1972, de Chaban-Delmas. Com Messmer como primeiro-ministro, um humilde servo do Estado sem personalidade ou pensamento político próprio, a primazia presidencial pareceu ser capaz de se recuperar; porém, perdeu todos os seus efeitos: o partido gaullista perdeu cem assentos nas eleições gerais de março de 1973 e os giscardianos tornaram-se um elemento indispensável na formação da maioria do governo; o plano presidencial de reduzir o mandato presidencial para cinco anos falhou em outubro de 1973; e, no último sinal do declínio presidencial,[50] o chefe de Estado perdeu o controle de seu partido quando este, no congresso de Nantes em novembro de 1973, eliminou seus partidários da liderança em favor dos amigos de Jacques Chaban-Delmas, o qual recebeu, um ano após ser expulso, uma recepção triunfante!

As relações tumultuadas da dupla Giscard/Chirac, formada em 1974, marcaram a vida política francesa por mais de trinta anos e continuaram nos últimos anos em torno da mesa do Conselho Constitucional. Aqui também, no entanto, tudo tinha começado bem. Com quarenta

---

[50] A esses fracassos, devemos acrescentar a doença de Pompidou, que, durante o outono e o inverno de 1973, desencadeou, na imprensa e na classe política, rumores de demissão e de campanha pré-eleitoral, que contribuíram ainda mais para enfraquecer a "autoridade do chefe de Estado".

e três deputados gaullistas, Jacques Chirac havia dado seu apoio à candidatura de Valéry Giscard d'Estaing e, assim, contribuiu para sua vitória sobre Jacques Chaban-Delmas no primeiro turno das eleições presidenciais de 1974 e sobre François Mitterrand no segundo. Em troca, eleito presidente, Valéry Giscard d'Estaing nomeou Chirac primeiro-ministro. Erro colossal! Isso porque, se os gaullistas estavam, por um tempo, desestabilizados pela perda do Palácio do Élysée e deixaram o novo presidente governar – com pautas como maioria eleitoral aos 18 anos, aborto etc. –, muito rapidamente eles formaram um bloco atrás do primeiro-ministro, elegendo o secretário-geral da *Union pour la défense de la République* (UDR) em dezembro de 1974. Em seguida, iniciou-se uma guerrilha na qual Jacques Chirac, tendo na Assembleia um número de deputados sempre superior ao dos deputados giscardianos, desafiou a primazia presidencial: a renúncia violenta de Matignon em 25 de agosto de 1976;[51] a criação da *Rassemblement pour la République* (RPR) em dezembro de 1976; a tomada da prefeitura de Paris em 1977 após uma feroz batalha eleitoral contra o giscardiano Michel d'Ornano; a recusa de votar o orçamento em 1979; e, claro, a candidatura para a eleição presidencial de 1981, em uma posição política crítica que contribuiria para a derrota de Valéry Giscard d'Estaing.

Paradoxalmente, François Mitterrand, que havia brilhantemente denunciado o poder pessoal em *O golpe de Estado permanente*, restaurou a autoridade do cargo presidencial através da graça das dissoluções, que, em 1981 e 1988, lhe deram uma maioria parlamentar que o reconhecia como seu líder. Porém, nesses quatorze anos de mandato, ele foi um hiperpresidente por apenas cinco anos, de 1981 a 1986; e novamente, em 1983, o papel do primeiro-ministro Pierre Mauroy e do ministro do orçamento Jacques Delors foi decisivo para convencer o presidente da República, que estava tentado a fazê-lo, a não tirar a França do Sistema Monetário Europeu. Presidente relativo de 1988 a 1991, quando o primeiro-ministro Michel Rocard garantiu, exceto na política externa, a conduta dos assuntos do país, e presidente desafinado de 1991 a 1993, quando foi forçado a substituir Edith Cresson por Pierre Bérégovoy apenas um ano depois de nomeá-la para Matignon, François Mitterrand é, acima de tudo, o primeiro presidente da República a ter aceitado que o poder de governar a França passa totalmente pelas

---

[51] "Não possuo hoje os meios que considero necessários para assumir as minhas funções de primeiro-ministro", declarou Jacques Chirac para justificar a sua demissão.

mãos do primeiro-ministro – consequência lógica de sua aceitação da coabitação. Tendo perdido as eleições gerais de março de 1986, ele poderia, como um Charles De Gaulle, deixar o poder após o fracasso do referendo de abril de 1969 e ter renunciado. Ele optou por ficar e submeter-se à nova maioria parlamentar, nomeando seu líder, Jacques Chirac, primeiro-ministro. A Quinta República tornou-se a Sexta República. Ou, mais precisamente, tornou-se o que é "no texto", ou seja, primo-ministerial: de acordo com os artigos 20 e 21 da Constituição, o primeiro-ministro determina e conduz a política da Nação e, de acordo com o artigo 5º, François Mitterrand assegura o bom funcionamento das instituições. Além disso, essa divisão não era desfavorável para ele, uma vez que, habilmente usando essa posição de árbitro, recuperou a opinião pública e derrotou Jacques Chirac nas eleições presidenciais de 1988. Essa primeira experiência de coabitação se repetiu em 1993 após a dura derrota dos socialistas nas eleições gerais de março: 282 na véspera das eleições, os deputados socialistas foram apenas 67 depois! Todavia, mais uma vez, François Mitterrand permaneceu no Palácio do Élysée e deixou Edouard Balladur governar como quisesse para se dedicar, de 1993 a 1995, aos seus assuntos pessoais – seu câncer, seu passado e suas amizades de Vichy, sua filha e suas famílias etc. – e ao seu adeus aos grandes deste mundo. Em 1995, o poder não estava mais no Palácio do Élysée, estava em Matignon.

E ele não voltou para o Palácio do Élysée com Jacques Chirac. Eleito com 52% dos votos em 7 de maio de 1995, com o apoio da maioria parlamentar resultante das eleições de março de 1993, desfrutando do apoio do Senado, ele teve, no entanto, os meios para restaurar a autoridade presidencial. Porém, deixou governar seu primeiro-ministro, Alain Juppé, que projetou e liderou, com certa dureza – o famoso "estou bem nas minhas botas" –, a reforma das pensões e da seguridade social, causando no outono de 1995 uma grave crise social, uma impopularidade do governo e uma perda de confiança do presidente na opinião pública e de autoridade dentro de seu próprio campo. Para sair dessa situação, houve a dissolução de 21 de abril de 1997, que fez a esquerda se tornar majoritária na Assembleia Nacional e forçou Jacques Chirac a nomear o primeiro-ministro Lionel Jospin, o mesmo que ele havia derrotado dois anos antes na eleição presidencial! E assim, de 1997 a 2002, o poder se instalou em Matignon. As 35 horas de trabalho, o *Pacte civil de solidarité* (PAC), a cobertura mútua universal, a paridade e o mandato de cinco anos são obras do governo Jospin, que, ao contrário dos primeiros-ministros das coabitações anteriores, beneficiou-se da duração – cinco anos – e de um presidente enfraquecido. Desafiado por alguns de seus amigos por tê-los levado à derrota e alcançado pelos assuntos político-financeiros do prefeito de Paris, Jacques Chirac nunca esteve em posição de desempenhar o papel que François Mitterrand pode ter durante a primeira coabitação. E ainda assim, ele também sai vitorioso dessa coabitação, vencendo a eleição presidencial de 2002 após o choque político da eliminação de Lionel Jospin no primeiro turno, sem restabelecer a autoridade do cargo presidencial. Desafiado por Nicolas Sarkozy, que ascendeu sobre a *Union pour le mouvement populaire* (UMP) e tocou ao longo dos cinco anos sua pequena música crítica, Jacques Chirac consentiu, em 2005, com o seu próprio enfraquecimento, deixando seu primeiro-ministro, Dominique de Villepin, governar para que ele pudesse demonstrar sua capacidade de liderar o país e, assim, arruinar as pretensões elísias de Nicolas Sarkozy – com o sucesso que todos conhecem!

Ao contrário de uma opinião acordada, a Quinta República não é, portanto, o regime da hiperpresidência. Durante cada um dos mandatos presidenciais, a autoridade do chefe de Estado tem variado de acordo com a natureza das questões políticas – internacionais ou internas – e, sobretudo, de acordo com a qualidade da maioria parlamentar e as características dos indivíduos no poder. De Gaulle, Pompidou, Giscard d'Estaing, Mitterrand, Chirac, Sarkozy, Hollande e Macron, por sua vez, foram presidentes fortes e presidentes concorrentes com seus primeiros-ministros. Continuou assim em Sarkozy com Fillon, Hollande com Valls e Macron com Philippe.

5.3 Um contrato legislativo

Assim, é necessário refazer a constituição do espaço político com a preocupação de conectá-lo aos espaços civis e públicos para que, juntos, os três espaços deem sua forma à democracia contínua. Mesmo que venham de mais longe, as instituições atuais foram fabricadas no século XIX para a sociedade do século XIX. Para representar e expressar a sociedade atual, algumas instituições não são mais úteis – o Conselho de Estado, o Ministério da Justiça –, novas são necessárias – a Assembleia Social, as convenções dos cidadãos – e outras devem ser refundadas, assim como a Assembleia Nacional. Enquanto nos espaços civis e públicos, as mais diversas ideias e opiniões políticas florescem e se confrontam, no Palácio Bourbon essa diversidade é reduzida de repente a duas correntes políticas e, se os debates às vezes são animados ou são congelados, artificiais e sem efeito sobre a produção da vontade geral, cada lado permanece em sua posição.

Para que a Assembleia se (re)torne o lugar do debate político, o local de construção e formação da vontade geral, ela deve (re)tornar a ser a câmara na qual o pluralismo político dos espaços civis e públicos reverbera, e o único instrumento possível dessa transformação democrática é a eleição de deputados de acordo com o modo de representação proporcional. É obviamente trivial escrever que cada sistema de votação tem suas vantagens e desvantagens. Porém, a qualidade reconhecida por unanimidade na representação proporcional é a honestidade política, uma vez que garante a cada grande corrente de opinião uma representação na Assembleia de acordo com sua influência na sociedade. Todos os outros sistemas eleitorais e, em particular, a votação majoritária, com um ou dois turnos, provocam encontros artificiais, acordos impossíveis ou mesmo conluio e negociações perigosas. Quando um escrutínio obriga ecologistas e comunistas a se aliarem aos socialistas para terem assentos de deputados enquanto gastam seu tempo criticando-os antes e depois da eleição, quando um escrutínio força um centrista europeu, liberal e girondino a se encontrar no mesmo campo que um gaullista soberanista, dirigista e jacobino, quando um escrutínio leva a direita a assumir os temas e vocabulário da extrema-direita para atrair seus votos no segundo turno de uma eleição, esse escrutínio põe em risco a democracia.

É a lógica do voto majoritário que fabrica alianças que são, portanto, ilusórias e enganosas para o povo. Ao inverso, o escrutínio proporcional produz alianças desejadas, uma vez que, não sendo impostas pela técnica eleitoral, elas são construídas pela política, pela observação das convergências, pela discussão e concordância em um programa de governo. Há ainda uma qualidade indiscutível do escrutínio proporcional, que é promover o debate e a deliberação política, enquanto a figura do "deputado godillot"[52] é a consequência necessária do voto majoritário. No final das contas, isso produz um resultado infernal, em que deputados de direita a favor do pacto de responsabilidade

---

[52] NT: Godillot era um calçado de uso militar, em um modelo semelhante a uma bota. O nome vem do fabricante Alexis Godillot, que fornecia as peças ao exército de Napoleão III. Com o tempo, a expressão "deputado godillot" torna-se sinônimo de obediência cega e acrítica às políticas do governo.

"não podem" votar a favor e em que deputados de esquerda hostis a esse pacto "não podem" derrubar o governo de esquerda que os sustenta! "A gestão das mudanças trazidas pela crise requer uma alta capacidade de diálogo social e debate político; o escrutínio majoritário não facilita nem um nem outro." Essas observações, feitas por Pierre Joxe a respeito da introdução do escrutínio proporcional, em 1985, são ainda mais relevantes hoje do que no passado; o sistema majoritário endurece artificialmente os antagonismos e dificulta a busca política por compromisso.

Reconectada pela representação proporcional à diversidade política da sociedade, que assim será capaz de se reconhecer nela, a Assembleia Nacional recuperará a confiança dos cidadãos e, com ela, a legitimidade e autoridade necessárias para sua posição no centro do espaço político. Aberta à sociedade, ela levará e fará viver nesse espaço o pluralismo político, que não permanecerá mais bloqueado nas portas do Estado.

Essa Assembleia terá o poder de investir o primeiro-ministro, e essa investidura valerá como um contrato entre o governo e a maioria dos deputados que aprovaram o programa. "Contrato" quer dizer que governo e a maioria parlamentar estão comprometidos uns com os outros, que sua ação política é idêntica e que sua existência está ligada. Em outras palavras, em caso de quebra de contrato, ambos os parceiros são "afetados": o governo renuncia e a Assembleia é dissolvida. Esse mecanismo do "contrato legislativo", inspirado nas reflexões de Pierre Mendès-France,[53] possibilita satisfazer quatro requisitos políticos: a *clareza*, uma vez que a opinião pública é testemunha do programa no qual o contrato é celebrado; a *estabilidade*, pois as durações do governo e da Assembleia são vinculadas e garantidas pelo contrato; a *responsabilidade*, uma vez que a rescisão simultânea dos dois sócios obriga cada um a medir as consequências de uma quebra de contrato; e o *sufrágio universal*, pois o povo é chamado a resolver o conflito no caso de uma ruptura entre a maioria parlamentar e o governo.

Resta o presidente da República, que deve ser rejeitado em sua função de árbitro. Não há necessidade de abolir a eleição popular do presidente da República: em Portugal, Finlândia, Irlanda, Romênia, Polônia e Áustria, a eleição presidencial não produziu primazia presidencial, pois o presidente é eleito, mas quem governa é o primeiro-ministro.

---

[53] MENDÈS-FRANCE, Pierre. *La République moderne*. Paris: Gallimard, 1962.

Para transferir o poder para o primeiro-ministro como único chefe, a Constituição deverá dispor que o Conselho de Ministros é presidido pelo primeiro-ministro e é mantido em Matignon. Colocado fora do local onde a política do país é determinada toda semana, o presidente gradualmente deslizará em direção a uma magistratura moral garantidora da estabilidade das instituições, já que, não mais governando, ele não será afetado pela censura ou dissolução do governo. Com a função presidencial assim desativada, Matignon[54] se tornará o único lugar onde a política do país está determinada e, portanto, as eleições legislativas seriam a única sede da competição democrática.

5.4 A constituição dos invisíveis

Em 1993, Pierre Bourdieu descreveu em um grande livro, *A miséria do mundo*. Em 2006, Stéphane Beaud resumiu suas investigações sociológicas sob o título *A França invisível*. Em 2014, Pierre Rosanvallon, professor do Collège de France, pediu a criação de um "Parlamento dos Invisíveis". Já em 1840, um médico, Louis-René Villermé, havia publicado uma "tabela do estado físico e moral dos trabalhadores empregados nas fábricas de algodão, lã e seda". A partir desses estudos, emerge não uma demanda por revolução, mas uma demanda por direitos "elementares": o direito de viver em moradia digna e em um ambiente limpo; o direito à alimentação básica; o direito de acesso à saúde; o direito à escola; o direito de oferecer às crianças alguns dias de férias; o direito de andar tranquilamente, de contar histórias, de encontrar amigos, de fazer festa. O direito, como costumavam dizer outrora, de se estabelecer na vida aqui na Terra.

No entanto, esses direitos, ainda hoje, estão faltando nas "pessoas pequenas", nas pessoas de pouco, em todos esses trabalhadores precários, trabalhadores pobres, temporários, desempregados, os deslocados, mas também esses funcionários, estudantes com dificuldades, artesãos, enfermeiros, esses trabalhadores que lutam mensalmente para pagar por sua recente casa própria no subúrbio ao redor da cidade grande. Após o Relatório Villermé, uma lei sobre o trabalho infantil que limitava a idade de entrada nas fábricas para oito anos havia sido aprovada, em

---

[54] NT: O Hotel Matignon é, desde 1935, o palácio onde está sediado o primeiro-ministro e seu gabinete de governo. Quando utilizada isoladamente, a palavra Matignon pode designar também a figura política em si do primeiro-ministro.

1841; então, em 1850, uma lei proibiu o aluguel de moradias insalubres. Hoje, as leis dão muito para pessoas importantes e pouco para as pessoas pequenas. Por não serem visíveis, estão sem forma institucional.

Esse é um problema político, tanto que a burguesia era invisível, sem direitos; tanto que as pessoas com pouco continuam invisíveis, elas não têm direito. Para que se tornem visíveis, precisamos de uma assembleia que as apresente, traga-as ao palco público e lhes dê voz no debate político. Como o Terceiro Estado fez em 1789, inventando a Assembleia Nacional, hoje é necessário inventar a Assembleia Social. "As ideias mais bonitas morrem por não encontrarem seu veículo", escreveu Chateaubriand.[55] Não faria sentido exaltar o caráter social da República ou estender a lista de direitos sociais se não fosse criada uma assembleia que, por sua composição, seria seu instrumento normativo.

A ideia não é nova. Em 1895, o jurista Léon Duguit afirmou que "um país onde a dupla representação de indivíduos e grupos não é garantida, não há constituição". Em 1962, Pierre Mendès-France escreveu que, "ao lado da Assembleia, que exprime diversidade ideológica e política, a presença de grupos socioprofissionais tornou-se necessária numa segunda assembleia". E, em 1969, De Gaulle, de uma forma mais complicada, tinha retomado a ideia. Não é de uma Sexta República que a França precisa para que possa dar um pouco menos de poder ao presidente, um pouco mais ao Parlamento, mas, sim, de uma nova República, que organize a representação dos invisíveis e, portanto, os torne visíveis a ponto de acolher sua demanda por direitos. Uma nova República, que continuasse a história iniciada em 1789, quando os revolucionários afirmaram que "ignorância, esquecimento ou desprezo pelos direitos humanos são as únicas causas de infortúnios públicos e de corrupção governamental".

Uma das causas da crise das democracias representativas é a monopolização por parte dos eleitos do poder de decidir leis e políticas públicas. Sempre leais a Montesquieu, eles consideram que os cidadãos são apenas competentes para eleger seus representantes e que eles devem então deixá-los decidir. No entanto, há vários anos, na França e em outros lugares, os cidadãos vêm exigindo a possibilidade de intervir entre dois momentos eleitorais para continuar a influenciar na fabricação de leis e, de forma mais geral, de decisões públicas, nacionais e locais. Em todos os lugares, conselhos de bairro, coletivos de cidadãos

---

[55] CHATEAUBRIAND, François-René. *Poésies Diverses*. Paris: Garnier frères, 1861.

são formados; petições estão se multiplicando em todos os assuntos que pedem votação ou não votação sobre esta ou aquela lei; alguns eleitos, cientes da mudança de época, organizam consultas pela internet antes da votação de uma lei. Todas essas iniciativas manifestam a energia social, a vitalidade política da sociedade, mas, muitas vezes, elas se perdem porque não encontram uma instituição que possa carregá-las a longo prazo. A Nação tem sua câmara, a Assembleia Nacional; os territórios têm o deles, o Senado; os cidadãos, que são tudo na sociedade, mas nada nas instituições, devem ter seu próprio espaço. Essa Assembleia Cidadã, que assumiria o controle do Conselho Econômico, Social e Ambiental, teria o poder de organizar a consulta pública sobre as consequências sociais e ambientais de longo prazo das políticas públicas, e seu funcionamento seria baseado em três princípios. O primeiro é o reconhecimento de um poder deliberativo semelhante ao da Assembleia Nacional. Poder consultivo não é suficiente. Pior: é perigoso, porque promove o corporativismo. Uma vez que sabe que só tem que fazer recomendações ou dar conselhos sobre projetos de lei, ela deixaria as rédeas soltas à expressão dos interesses particulares dos grupos que a compõem. Pelo contrário, ao participar da aprovação de leis, abandona essa postura "fácil" de transmissora de vontades e anseios para o trabalho "difícil" de arbitragem entre diversos interesses e trocas na elaboração de leis. Um poder consultivo desresponsabiliza uma assembleia; um poder deliberativo a torna responsável. O segundo princípio é a adoção de um procedimento deliberativo transversal por meio da constituição de comissões temáticas, a fim de evitar o corporativismo novamente quando cada grupo social tem "sua" comissão e faz prevalecer "seus" interesses. O último princípio é a escolha do método de nomeação de seus membros, que devem combinar escolhas de nomes por sorteios, e das "forças vivas da nação", que são associações, sindicatos, cooperativas, sociedades especializadas etc. *A primeira metade do século XX foi a época das assembleias clássicas; a segunda metade, dos tribunais constitucionais; e o século XXI deve ser a época das assembleias cidadãs.*

CAPÍTULO 6

REESCREVENDO A CONSTITUIÇÃO (TESE 6)

6.1 Como? Com o processo constituinte

A Quinta República tem 65 anos. Idade de aposentadoria? Deve-se concordar que, desde 1958, a Constituição mudou muito: o presidente foi eleito por um colégio restrito, agora é eleito pelo povo; ele era eleito por sete anos, ele agora é eleito por cinco anos, renovável apenas uma vez; a organização da República era centralizada, ela está desde 2003 descentralizada; o Parlamento se reunia em duas sessões de três meses, agora em uma única sessão contínua; a moeda da França era o franco, hoje é o euro. Deve-se concordar também que, desde 1958, a Constituição tem sofrido muitas "turbulências": a guerra argelina, maio de 1968, a saída do General De Gaulle, a chegada da esquerda ao poder, o retorno da direita, a coabitação. É preciso reconhecer que, desde 1958, o cenário partidário mudou consideravelmente: o Partido Comunista fazia 27% dos votos, agora faz 3%; a Frente Nacional fazia 2% dos votos, agora tem 25%; os ecologistas não tinham uma existência eleitoral, agora estão em torno de 12%. E, durante trinta anos, a Constituição foi revisada dez vezes: em 1992, para permitir a mudança para o euro; em 1993, para modificar o Conselho Superior da Magistratura e a definição do direito de asilo; em 1995, para ampliar o escopo do referendo e restabelecer a sessão parlamentar única; em 1996, para criar as leis sobre o financiamento da seguridade social; em 1999, para autorizar a ratificação do Tratado de Amsterdã, do Tratado de Roma sobre o Tribunal Penal Internacional e promover o acesso igualitário das mulheres a cargos políticos; em 2000, para estabelecer o mandato de cinco anos; em 2008, para introduzir, notadamente, a questão prioritária da constitucionalidade. Isso é o suficiente! É preciso parar com a bricolagem. Uma constituição é, para um país, o equivalente à carteira de identidade para uma pessoa. No entanto, essa "carteira constitucional" está, hoje, ultrapassada. Não diz mais nada sobre a identidade da França: nacional ou europeia? Estado unitário ou descentralizado? Regime presidencial ou parlamentar? Chegou a hora, sem dúvida, de colocar as coisas nos eixos e reconstruir um todo constitucional coerente, claro e estável. Resumindo, chegou a hora de mudar de Constituição.

A questão é como. A resposta imediata é a da reunião de uma assembleia constituinte. Porém, a experiência e a história mostram que as assembleias constituintes estão sempre reunidas após uma crise – geopolítica, militar, política – e que nunca se reúnem "frias". Por exemplo, uma assembleia constituinte foi convocada na Grécia, Espanha e Portugal após a queda das ditaduras; nos países do Leste Europeu, após o colapso das ditaduras soviéticas; e, mais recentemente, na Tunísia após a derrubada de Ben Ali e no Egito após a partida de Mubarak. A história constitucional francesa também testemunha que uma assembleia constituinte foi imposta após uma crise política – 1789, 1830, 1848, 1958 – ou uma derrota militar – 1814, 1870.

Sem estarmos – por enquanto? – em uma situação revolucionária na qual um novo Lamartine anunciaria a convocação de uma assembleia constituinte, a França não se reconhece mais em sua constituição política. Continua a ser vista em sua constituição social – a Declaração de 1789, o Preâmbulo de 1946 e a Carta do Meio Ambiente –, mas não mais na organização e funcionamento das instituições políticas. Sobre o modelo do Decreto nº 92-1247, de 2 de dezembro de 1992, tomado pelo presidente Mitterrand sobre o relatório do Guardião dos Selos (*Garde des Sceaux*) e do Conselho de Ministros ouvidos, criando o comitê consultivo para a revisão da Constituição, o presidente eleito em 2022 poderia, segundo o mesmo procedimento, criar uma comissão para reescrever a Constituição. Essa comissão seria composta por vinte membros, metade dos quais seriam cidadãos sorteados e, os outros, professores universitários e personalidades experientes nomeadas por decreto no Conselho de Ministros.

O trabalho dessa comissão seria organizado em quatro etapas. Em primeiro lugar, deveria organizar assembleias descentralizadas em todo o país para coletar propostas dos cidadãos. Em seguida, com base nessas propostas, deveria elaborar os novos artigos da constituição e os argumentos que explicam o espírito dessas novas disposições. Em seguida, esse trabalho seria submetido à discussão de uma comissão mista da Assembleia Nacional/Senado/CESE (Conselho Econômico, Social e Ambiental) e à reunião das assembleias durante a primeira etapa. Finalmente, a comissão deveria propor e explicar uma reescrita de toda ou de parte da Constituição. Esse processo deliberativo poderia levar um ou dois anos e terminar com a organização de um referendo. Em caso de votação positiva, a constituição reescrita entraria em vigor dentro de um ano após sua adoção.

6.2 Algumas preposições para a reescrita da Constituição de 1958

Artigo 1º: Sua organização é federal.

Artigo 2º: A língua da República é francesa. A República garante a proteção de culturas, tradições e línguas que não sejam francesas, de acordo com a Carta Europeia para Línguas Regionais e Minoritárias.

Artigo 3º: A soberania pertence à universalidade dos cidadãos. É exercida diretamente pelas assembleias primárias dos cidadãos, que reúnem todos os eleitores de um distrito eleitoral, por meio de representantes eleitos, de acordo com o princípio proporcional e pelo referendo deliberativo.

Artigo 6º: O presidente da República é eleito por sufrágio universal para mandato de sete anos não renovável.

Artigo 8º: Após as eleições legislativas, o presidente da República realizará as consultas necessárias para nomear uma personalidade para formar o governo. O primeiro-ministro e o governo investido pela Assembleia Nacional são nomeados pelo presidente da República. O presidente da República pode encerrar as funções de primeiro-ministro e ministros apenas com base na proposição do primeiro-ministro.

Artigo 9º: Excluído.

Artigo 12: O primeiro-ministro tem o direito de decidir sobre a dissolução da Assembleia Nacional. As eleições serão realizadas não menos que vinte dias e não mais que quarenta dias após a dissolução. Não se pode não decidir por uma nova dissolução dentro de um ano dessas eleições.

A dissolução é formalmente pronunciada pelo primeiro-ministro.

A dissolução da Assembleia Nacional é automática quando o governo for derrubado por maioria absoluta por uma moção de censura.

Artigo 21: O primeiro-ministro preside o Conselho de Ministros e dirige a ação do governo.

Artigo 24: Metade do Senado é composta pelos presidentes de regiões e metrópoles, que são membros de direito, e a outra metade, pelos membros eleitos por conselhos departamentais.

Artigo 27: O mandato parlamentar é deliberativo.

Artigo 39: A iniciativa das leis pertence simultaneamente ao primeiro-ministro, aos membros do Parlamento e aos cidadãos, com base, neste último caso, em uma petição apoiada por um milhão de eleitores distribuídos em cinquenta departamentos.

Projetos de lei e propostas de leis são deliberados no Conselho de Ministros após serem discutidos nas assembleias primárias de cidadãos convocados pelos deputados no contexto de seu eleitorado e após consulta ao ministro da Lei.

Artigo 50: A demissão do governo implica automaticamente a dissolução da Assembleia Nacional.

Artigo 56: O Tribunal Constitucional é composto por quinze membros nomeados por nove anos não renováveis. Seis membros são nomeados pela Assembleia Nacional por uma maioria de três quintos; seis membros são nomeados pelo Senado por uma maioria de três quintos; três membros são nomeados pelo Conselho Superior de Justiça. Os membros do Tribunal Constitucional são nomeados entre juízes do Supremo Tribunal de Justiça, professores universitários, funcionários públicos e advogados; todos eles devem ser advogados com habilidades reconhecidas e exercido sua profissão por mais de quinze anos.

O presidente do Tribunal Constitucional é eleito por seus pares durante o seu mandato na Corte.

Os quinze membros do Tribunal Constitucional nomeados pelas autoridades acima são formalmente nomeados pelo presidente da República.

Artigo 61: Leis orgânicas, antes de sua promulgação, os projetos de lei mencionados no artigo 11 antes de serem submetidos ao referendo, e os regulamentos das assembleias parlamentares, antes de sua implementação, devem ser submetidos ao Tribunal Constitucional, que decide sobre sua conformidade com a Constituição.

Para os mesmos efeitos, as leis podem ser encaminhadas ao Tribunal Constitucional, antes de sua promulgação, pelo presidente da República, pelo primeiro-ministro, pelo presidente da Assembleia

Nacional, pelo presidente do Senado ou por sessenta deputados ou sessenta senadores.

Nos casos previstos nos dois parágrafos anteriores, o Tribunal Constitucional deve decidir dentro de três meses. No entanto, a pedido do governo, se houver urgência, esse período será reduzido para um mês.

Nos mesmos casos, o encaminhamento ao Conselho Constitucional suspende o prazo para promulgação.

Artigo 61-1: Quando, no curso de um processo pendente perante um tribunal, argumentar-se que uma disposição legislativa infringe os direitos e liberdades garantidos pela Constituição, este tribunal encaminhará a questão da constitucionalidade ao Tribunal Constitucional.

Uma lei orgânica determinará as condições para a aplicação deste artigo.

Artigo 61-2: Decisões judiciais que se tornarem definitivas podem ser objeto de recurso para a proteção dos direitos a um julgamento justo e equânime, à defesa e a uma decisão motivada e fundamentada em direito perante o Tribunal Constitucional.

Uma lei orgânica determinará as condições para a aplicação deste artigo.

Artigo 64: O Conselho Superior de Justiça é o garantidor da independência da autoridade judiciária.

Ele compreende trinta membros nomeados por oito anos não renováveis; sete são eleitos pelos magistrados do tribunal e sete pelos magistrados do Ministério Público; oito são nomeados pela Assembleia Nacional entre professores de direito e advogados; oito são nomeados pelo Senado entre professores de direito e advogados.

O presidente do Conselho Superior de Justiça é eleito por seus pares durante o mandato.

Artigo 65: O Conselho Superior de Justiça tem tripla competência: nomeação de magistrados do tribunal e do Ministério Público; formação de magistrados; disciplina de magistrados; elaboração do orçamento da Justiça.

Para esses fins, o Conselho Superior de Justiça possui departamentos administrativos e financeiros operacionais, e a Escola Nacional da Magistratura está vinculada ao Conselho Superior de Justiça, que nomeia seu diretor e, na proposta deste último, os professores.

Todos os anos, o presidente do Conselho Superior de Justiça submete um relatório de atividades à Assembleia Nacional e ao Senado.

A lei orgânica determinará as condições para a aplicação deste artigo.

Artigo 66: Ninguém pode ser arbitrariamente detido.

O Poder Judiciário, guardião das liberdades, assegura o respeito a esse princípio nas condições previstas em lei.

Uma lei orgânica prevê o estatuto dos magistrados.

Os juízes dos tribunais são irremovíveis.

REFERÊNCIAS

BARTHÉLÉMY, Joseph. *Traité de droit constitutionnel*. Paris: Dalloz, 1933.

BAUMAN, Zygmunt. *La vie en miettes*. Paris: La Rouergue/Chambon, 2003.

BOURDIEU, Pierre. La force du Droit. *Actes de la recherche en sciences sociales*, vol. 64, septembre 1986. Numéro thématique: De quel droit? p. 3-19.

CHATEAUBRIAND, François-René. *Poésies Diverses*. Paris: Garnier frères, 1861.

CICÉRON. *La République*. Paris: Gallimard, 1994.

CONSIDÉRANT, Victor. *La Solution ou le gouvernement direct du peuple*. Paris: Librairie phalanstérienne, 1850.

DE SINGLY, François. *Libres ensemble*. Paris: Nathan, 2000.

DE SINGLY, François. *Les Uns avec les autres*. Paris: A. Colin, 2003.

DE SINGLY, François. *Quand l'individualisme crée du lien*. Paris: A. Colin, 2007.

DUGUIT, Léon. Jean-Jacques Rousseau, Kant et Hegel. *Revue du droit public*, v. 25, 1918, p. 173-211.

DUVERGER, Maurice. *La République des citoyens*. Paris: Ramsay, 1982.

DUVERGER, Maurice. *La Démocratie sans le peuple*. Paris: Seuil, 1967.

FINKELKRAUT, Alain. *L'identité malheureuse*. Paris: Gallimard, 2014.

FUKUYMA, Francis. *La Fin de l'Histoire et le dernier Homme*. Paris: Flammarion, 1992.

GAUCHET, Marcel. *L'événement de la démocratie*. Tome 1: la révolution moderne. Paris: Gallimard, 2007.

HOFFMAN, S. Du contrat social, ou le mirage de la volonté générale. *Revue internationale d'histoire politique et constitutionnelle*, v. 16, 1954, p. 288-315.

ION, Jacques. *S'engager dans une société d'individus*. Paris: A. Colin, 2012.

LACROIX, Bernard. "Conclusion". *In*: D'ARCY, François (dir.). *La Représentation*. Paris: Economica, 1985. p. 180 e ss.

LEFORT, Claude. *Droits de l'homme et Politique*. Paris: Payot, 1980.

LEFORT, Claude. *Eléments d'une critique de la bureaucratie*. Paris: Gallimard, 1979.

LIPOVETSKY, Gilles. *L'ère du vide*. Paris: Gallimard, 1983.

MALBERG, Raymond Carré de. *La loi expression de la volonté générale*. Paris: Economica, 1984.

MARX, Karl. *La question juive*. Paris: UGE, 1968.

MENDÈS FRANCE, Pierre. *La République moderne*. Paris: Gallimard, 1962.

MICHON, Pascal. *Les rythmes de la politique*: démocratie et capitalisme mondialisé. Paris: Les Prairies ordinaires, 2008.

MITTERRAND, François. *Le Coup d'Etat permanent*. Paris: Plon, 1964.

MONTESQUIEU. *De l'Esprit des lois*. Paris: Firmin Didot frères, fils et Cie, 1857.

RANCIÈRE, Jacques. *La haine de la démocratie*. Paris: La Fabrique, 2005.

RITTINGHAUSEN, Moritz. *La législation directe par le peuple ou la véritable démocratie*. Paris: Librairie phalanstérienne, 1851.

ROUSSEAU, Dominique. *Justiça constitucional francesa*. Tradução: Thomas Passos Martins. Belo Horizonte: Editora Fórum, 2021.

ROUSSEAU, Dominique. *Radicalizar a democracia*: proposições para uma refundação. Tradução: Anderson Vichinkeski Teixeira. São Leopoldo: Editora UNISINOS, 2019.

ROUSSEAU, Dominique. Constitucionalismo e democracia. *Revista de Estudos Constitucionais, Hermenêutica e Teoria do Direito*, v. 10, n. 2, 2018, p. 228-237.

ROUSSEAU, Dominique. Mais c'est quoi la démocratie continue? *In*: TROUDE-CHASTENET, Patrick (sous la direction). *Penser et panser la démocratie*. Paris: Classiques Garnier, 2017, p. 91-108.

ROUSSEAU, Dominique. Le droit constitutionnel continue: institutions, droits garantis et utopie. *Revue du Droit Public*, vol. 130, n. 6, 2013, p. 1.517 ss. Trad. port. O Direito Constitucional contínuo: instituições, garantias de direitos e utopias. *Revista de Estudos Constitucionais, Hermenêutica e Teoria do Direito*, v. 8, n. 3, 2016, p. 261-271.

ROUSSEAU, Dominique. *Le consulat Sarkozy*. Paris: Odile Jacob, 2012.

ROUSSEAU, Dominique. *Droit du contentieux constitutionnel*. Paris: Lextenso, 2012.

ROUSSEAU, Dominique. *La démocratie continue*. Paris: LGDJ, La pensée juridique, 1995.

ROUSSEAU, Dominique; GAHDOUN, Pierre-Yves; BONNET, Julien. *Droit du contentieux constitutionnel*. 12ª ed. Paris: LGDJ, 2020.

ROUSSEAU, Dominique; BLACHÈR, Philippe. *La justice constitutionnelle en Europe*. 4. ed. Paris: Montchrestien, 2020.

ROUSSEAU, Jean-Jacques. *Du contrat social*. Paris: Garnier-Flammarion, 1966.

SCHMITT, Carl. *Parlementarisme et démocratie*. Paris: Seuil, 1988.

SCHMITT, Carl. *Théorie de la constitution*. Paris: PUF, 1993.

SIEYÈS, Emmanuel-Joseph. Sur l'organisation du pouvoir legislatif et la sanction royale. *In*: FURET, F.; HALÉVI, R. (org.). *Les Orateurs de la Révolution française*. Paris: Gallimard, Bibl. de la Pléiade, 1989. p. 1.026-1.027.

TUSSEAU, Guillaume. *Litige constitutionnel comparatif*. Paris: LGDJ, 2021.

VEDEL, Georges. Le régime présidentiel? La moutarde après dîner. *Le Monde*, 31 out. 1997.

Esta obra foi composta em fonte Palatino Linotype, corpo 10
e impressa em papel Pólen Bold 70g (miolo) e Supremo 250g (capa)
pela Gráfica Star7.